Theo Doerfler

Das schnelle METHODEN 1x1 DaZ

mit Arbeitsmaterialien

Cornelsen

Der Autor dieses Bandes

Theo Doerfler ist Schulleiter an einer Grundschule in Bayern, war zuvor Seminarleiter in Augsburg und leitete auch das Fachseminar Deutsch als Zweitsprache im Bezirk Schwaben. Er unterrichtet in Deutschförderklassen und Vorkursen und ist DaZ-Fortbildner auf lokaler und regionaler Ebene.

Projektleitung: Renate Wachinger, Berlin
Redaktion: Anja Sieber, Hamburg
Umschlagkonzept / -gestaltung: Ungermeyer, Berlin
Illustrationen: Liliane Oser, Hamburg, S. 63: Irmtraud Guhe, München
Layout / technische Umsetzung: fotosatz griesheim GmbH

www.cornelsen.de

2. Auflage, 4. Druck 2023

Druck: H. Heenemann, Berlin

ISBN 978-3-589-15910-9

PEFC zertifiziert
Dieses Produkt stammt aus nachhaltig bewirtschafteten Wäldern und kontrollierten Quellen.

www.pefc.de

Vorwort 5

Zuhören und Sprechen 6

„Rudi ruft" 6

Richtig oder falsch 7

Höre genau hin! 9

Anweisungen ausführen 12

Theater im Karton 14

Moderator im Fernsehen 17

Erzählstraße 19

Mit Fingerfiguren erzählen 21

Generatives Sprechen 24

Kurze Gespräche im Innen- und Außenkreis 26

„Think-Pair-Square" 28

Wortschatz 31

Ein Wort passt nicht 31

Welche Sache fehlt? 33

Schlüsselbegriffskarten 38

Mindmaps 40

„Koffer packen" 42

Wörterbingo 45

Schnapp! 48

Selbst ein Wörterdomino herstellen 50

Lesen 52

Lesebaum 52

Zu einem Text Bilder legen 55

Textszenario 58

Ein eigenes Wörterbüchlein anlegen 61

Textteile lesen und richtig ordnen 64

Schreiben **66**

Drei Sätze – eine Geschichte 66

Generative Textproduktion 68

Interkulturelles Lernen **71**

Mein Name 71

Mein bisheriger Lebensweg 73

Ich und Du – wie wir uns sehen 75

Unser Haus 78

Index **80**

Liebe Kolleginnen und Kollegen,

in dem vorliegenden Band finden sie eine Vielfalt an unterschiedlichen Methoden für Ihren Deutsch-als-Zweitsprache-Unterricht. Sicherlich ist Ihnen die eine oder andere Methode schon aus einem anderen Fach bekannt. Der Fokus der vorliegenden Methoden liegt immer auf Sprache. Schülerinnen und Schüler, die Deutsch als zweite Sprache lernen, haben immer auch einen sehr heterogenen Sprachstand – vom Kind, welches als „Seiteneinsteiger" zu uns gekommen ist, bis zum Kind, welches schon hier geboren wurde und auch den Kindergarten bei uns besucht hat. Besonders herausfordernd sind Kinder, welche noch nicht alphabetisiert wurden, also keinerlei Schriftspracherwerbsprozesse durchlaufen haben. Diese Kinder müssen zunächst in den Prozess des Schriftspracherwerbs, meist in einer Einzelförderung (oder durch den Besuch einer ersten Klasse), hineingeführt werden.

Die aufgeführten Methoden sind der Reihe nach folgenden Kompetenzbereichen zuzuordnen:
- Hören und Sprechen,
- Wortschatzarbeit,
- Lesen und Texte verstehen,
- Schreiben sowie
- interkulturelles Lernen.

Weiterhin sind den Methoden Wort-, Satz- und Textbeispiele beigefügt.
Diese haben eine exemplarische Funktion. Natürlich kann man die angebotenen Materialien zu Beginn nutzen. Allerdings ist es immer vorteilhafter, z. B. den Wortschatz aus dem aktuellen Unterrichtsgeschehen zu verwenden oder eigene kurze Texte zu formulieren, welche momentan zum Sachunterricht passen.

Am Ende kommt es auch darauf an, sich immer für eine kleine Auswahl an Methoden zu entscheiden und diese möglichst regelmäßig in unterschiedlichen Kontexten anzuwenden.

Es gilt auch hier der Satz: *„In der Kürze liegt die Würze!"* Kurze sich wiederholende Übungen sind lernpsychologisch wertvoller als das einmalige Behandeln eines Themas mit besonders komplizierten Methoden.

Ich wünsche Ihnen viel Experimentierfreude in ihrem Deutsch-als-Zweitsprache-Unterricht. Sind wir froh darum, dass Menschen aus anderen Ländern und Kulturen bei uns leben und arbeiten wollen!

Ihr Theo Doerfler

Hinweis: Sie können die Materialseiten auf dem Kopierer auf 141 % vergrößern, um eine DIN-A4-Seite zu erhalten.

→ „Rudi ruft"

Ziel der Methode

Die Schülerinnen und Schüler
- schulen ihre Konzentration und müssen genau hinhören,
- lernen die Bedeutung von Wechselpräpositionen,
- erweitern ihren Wortschatz das Klassenzimmer betreffend.

Einsatzmöglichkeiten

Die Methode eignet sich
- zu Beginn oder am Ende einer Unterrichtseinheit,
- immer auch in Kombination mit der Einführung eines neuen Wortschatzes.

Vorbereitung

Der Wortschatz sollte eventuell vorher erarbeitet werden.

Sozialform(en)

Einzelarbeit

Stufe

1 bis 4

Beschreibung

Das Spiel nennt sich *„Rudi ruft"*. Der Ablauf ist identisch wie bei *„Simon says"*: Die Lehrkraft gibt entweder die Aufforderung: Rudi ruft: *Steh' auf!* In diesem Fall müssen alle Schüler aufstehen. Sagt die Lehrkraft „nur": Steh' auf!, bleiben alle Kinder in der aktuellen Position.

Folgende Anweisungen beinhalten Wechselpräpositionen:
- Stelle dich vor / hinter / neben den Stuhl, deinen Tisch etc.
- Stelle dich zwischen deinen Tisch und den Stuhl.
- Stelle dich vorsichtig auf deinen Stuhl usw.

Natürlich kann der Wortschatz des Klassenzimmers einbezogen werden. In Kombination mit Wechselpräpositionen eignen sich Möbelstücke, aber auch die Schreibutensilien und andere bewegliche Gegenstände. Somit wird dieser Wortschatz trainiert und automatisiert.

Tipp Die in das Spiel einbezogenen Gegenstände können mit Wortkarten versehen werden. So können Sprachanfänger sich sofort an dem Spiel beteiligen.

Variante Nicht nur der Lehrer kann die Anweisungen geben – auch die Schüler sind einmal dran!

→ Richtig oder falsch

Ziel der Methode
Die Schülerinnen und Schüler trainieren
- genaues Hinhören,
- Konzentration und Aufmerksamkeit,
- Wortschatz.

Einsatzmöglichkeiten
Die Methode eignet sich
- zu Unterrichtsbeginn oder -ende,
- immer wenn ein neuer Wortschatz eingeführt wird.

Material
- rote und grüne Karte im Mäppchen aller Schülerinnen und Schüler,
- eventuell verwendete Satzmuster oder Wortschatz als Wortkarten an der Tafel

Vorbereitung
Bis auf eine einmalige Erklärung sind keinerlei weitere Vorbereitungen notwendig.

Sozialform(en)
Einzelarbeit

Stufe
1 bis 4

Beschreibung
Die Lehrkraft sagt einen Satz und die Schülerinnen und Schüler müssen entscheiden, ob der Inhalt dieses Satzes richtig (grüne Karte) oder falsch (rote Karte) ist. Die entsprechende Karte wird in die Luft gehoben.

So kann ein bestimmter Wortschatz in dieser Übung eine Rolle spielen, z. B. die verschiedenen Farben:
Die Tafel ist rot. Richtig oder falsch?
Oder: Die Kreide ist weiß. Richtig oder falsch?

Auch die richtige Aussprache eines Wortes kann im Fokus stehen:
Ich spreche dir drei Wörter vor. Eines davon spreche ich richtig aus. Höre erst einmal zu, ohne eine Karte zu heben: der Tosch, der Tasch oder der Tisch. Jetzt spreche ich dir die drei Wörter nochmal vor und du hebst die grüne Karte beim richtig gesprochenen Wort.

Tipp Das Spiel sollte unbedingt immer nur kurz gespielt werden, da hier die auditive Wahrnehmung im Zentrum steht. Auch die Kinder werden gebeten, Sätze zu „richtig" oder „falsch" zu finden. Die Methode kann weiterhin als Wiederholung nach einer Einheit im Heimat- und Sachunterricht verwendet werden bzw. vor einer Probearbeit.

Varianten

- Statt der roten und grünen Karten können die Kinder sich auch hinstellen (ja) oder hinsetzen (nein).
- Das Spiel kann auch bezogen auf Laute mit drei Karten gespielt werden. Die Schüler legen vor sich in den Ampelfarben die Karten rot, orange und grün. Diese stehen in der Reihenfolge von links nach rechts für Anfang, Mitte und Ende, d. h. befindet sich ein gesuchter Laut am Anfang, in der Mitte oder am Ende des gesprochenen Wortes. Je nachdem, an welcher Stelle der Laut gehört wird, wird die entsprechende Farbkarte in die Luft gehoben.

  Beispiele:
  Ameise – die rote Karte wird gehoben
  Ball – die orangefarbene Karte wird gezeigt
  Opa – die grüne Karte wird hochgehoben

  Weitere Beispiele dazu:
  Ball – aber – lieb
  dunkel – gerade – Wand
  eklig – Weg – Hose
  Farbe – Käfer – Schaf
  Garten – Morgen – klug
  Hose – gehen
  usw.
- Ähnlich kann den drei Farben jeweils ein Artikel zugeordnet werden, z. B. steht die rote Karte für den Artikel „der", die orangefarbene Karte für „das" und die grüne Farbe für „die". Es werden nun Nomen genannt und die Schüler halten die Karte, welche dem passenden Artikel entspricht, in die Höhe. Die Variante mit den Artikeln darf nur gespielt werden, wenn den Kindern zuvor die Artikel zu dem verwendeten Wortschatz bekannt sind bzw. diese schon mehrmals mit den Nomen zusammen verwendet wurden – ansonsten ist es ein reines Ratespiel!
- Kennen sich die Schüler inzwischen mit den Wortarten aus, ist eine Variante mit drei Farben und Wortarten möglich. Rot steht dann für Verben, die Farbe Blau für Nomen und die grüne Karte für Adjektive. Es wird ein Wort genannt und die entsprechende Karte passend zur Wortart wird hoch gehoben.

→ Höre genau hin!

Ziel der Methode
Die Schülerinnen und Schüler
- üben genaues Hinhören, Konzentration und Aufmerksamkeit,
- lernen, ein bestimmtes Wort aus einer Erzählung herauszuhören (aus einem Lautstrom herausfiltern zu können).

Einsatzmöglichkeiten
Die Methode eignet sich
- zu Beginn oder am Ende einer Unterrichtseinheit,
- für einen bestimmten thematischen Wortschatz.

Material
- Text oder Erzählung
- eventuell Bildkarte / Spruch oder Bewegung

Vorbereitung
Die Bildkarten mit dem Zwerg und dem Riesen müssen ausgeschnitten, der Reim zur Karte vorher eingeübt werden.

Sozialform(en)	Stufe
Einzelarbeit	1 bis 4

Beschreibung
Die Lehrkraft erzählt eine Geschichte (oder liest diese von einem Blatt ab). Es wurde zuvor vereinbart, auf welches Wort die Schülerinnen und Schüler in der Erzählung achten sollen. Sobald dieses Wort auftaucht, stehen sie auf, machen eine zum Wort passende Bewegung oder aber sagen einen zuvor zu diesem „Schlüsselwort" geübten Reim auf.
In der Geschichte *„Zwerg und Riese"* treten die Kinder bei diesen beiden Wörtern in Aktion: entweder die passende Bildkarte hochheben oder den Spruch aufsagen, oder sogar beides.

Tipp Jederzeit kann die Lehrkraft zu einem bestimmten Wortschatz eine kurze Geschichte erfinden und die Kinder heben die Hand, wenn sie das vereinbarte Wort / die vereinbarten Wörter hören.

Variante Kommen in der Erzählung eine begrenzte Anzahl an Figuren (Menschen / Tiere) vor, können diese als Bildkarten an die Kinder ausgegeben werden. Immer wenn die angesprochene Figur in der Geschichte genannt wird, muss die richtige Bildkarte hochgehoben werden.

Material / Kopiervorlage

Zwerg und Riese

Es war einmal ein Riese. Sein Name war Richard Riese. Er hatte eine blaue Hose und ein rotes Hemd. Außerdem trug er eine braune Mütze. Jeden Tag saß er traurig auf einer Wiese mitten im Wald. Immer zur Mittagszeit, kurz vor seinem Mittagsschlaf, weinte er ganz fürchterlich. Seine Tränen waren so groß wie Fußbälle. Er jammerte: „Ich bin so groß und so stark und habe keine Freunde. Ich bin soooo traurig. Überall wo ich hinkomme, laufen alle vor Angst davon. Keiner mag mich. Ich bin ein armer großer Riese!"

Plötzlich tippte jemand an seinen riesigen Zeh. Richard Riese merkte erst gar nichts. Doch dann kitzelte es ihn fürchterlich. Da sah der Riese einen Zwerg an seinem großen Fuß stehen. Der Zwerg hatte grüne Kleider an und einen knallroten spitzen Hut auf dem Kopf. Außerdem hatte er eine sehr sehr lange Nase. Gerade wollte der Zwerg etwas sagen, da brüllte der Riese: „Was willst du, kleiner Zwerg mit der langen Nase? Lass mich in Ruhe!"

Der Zwerg war sehr mutig und rief mit piepsiger Stimme: „Kannst du mir helfen? Ich habe mich im Wald verirrt. Du brauchst nur aufzustehen. Dann kannst du über alle Bäume hinwegsehen und siehst bestimmt auch mein Zwergenhaus. Es ist himmelblau mit gelben Fensterläden."

Der Riese war erstaunt. Da gab es jemanden, der nicht sofort wegrannte und auch noch seine Hilfe brauchte. Er nahm den Zwerg auf seine riesige Hand und stand auf. Alle beide schauten über die Bäume. Plötzlich rief der Zwerg: „Da! Da drüben ist es! Mein Haus!"

Der Riese brachte den Zwerg vor lauter Freude sogar zu seinem Haus. „Magst du einen Tee mit mir trinken?", fragte der Zwerg ihn. Seitdem sind die beiden die besten Freunde.

„Klein ist der Zwerg, viel kleiner als der Berg!“

„Groß ist der Riese, viel größer als der Baum auf der Wiese!“

→ Anweisungen ausführen

Ziel der Methode
Die Schülerinnen und Schüler lernen,
- Anweisungen zu verstehen,
- Gegenstände räumlich richtig zu platzieren,
- Wechselpräpositionen,
- Wiederholung / Festigung vom thematischen Wortschatz (z. B. Schulmaterialien).

Einsatzmöglichkeiten
Die Methode eignet sich
- zu Beginn oder
- am Ende einer Unterrichtseinheit.

Material
- eventuell Wortkarten zum Wortschatz und den Wechselpräpositionen

Vorbereitung
Der Wortschatz muss vorentlastet werden, d. h. die Schülerinnen und Schüler sollten diesen kennen.

Sozialform(en)	Stufe
Einzel- oder Partnerarbeit	1 bis 4

Beschreibung
Die Schülerinnen und Schüler legen ihr Mäppchen offen vor sich hin. Es werden von der Lehrkraft oder einem Kind entsprechende Anweisungen gegeben:
- *Lege deinen Spitzer vor dein Mäppchen.*
- *Lege deinen roten Buntstift rechts neben deinen Spitzer.*
- *Lege dein Lineal links neben deinen Spitzer.*
- *Lege deinen Radiergummi hinter dein Mäppchen.*
- *Lege den blauen Buntstift zwischen deinen Spitzer und den roten Buntstift.*
- *usw.*

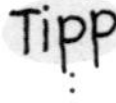

Am Ende wird mit den Schülerinnen und Schülern ein kurzer Rundgang durch die Tischreihen eingeplant. Haben alle Kinder die Dinge richtig angeordnet? Gut ist es, sich auf vier oder fünf Anweisungen zu beschränken und diese zu variieren.

Varianten Ähnlich können die Kinder aufgefordert werden, sich hinter, vor, neben etc. den Stuhl zu stellen.
Außerdem bietet es sich an, diese Übung in Partnerarbeit durchzuführen. Ein Kind gibt dem anderen die entsprechenden Anweisungen. Im Anschluss wird kontrolliert und getauscht. Um eine Kontrolle zu haben, legt das Kind, welches die Anweisungen gibt, auch die eigenen Gegenstände korrekt auf den Tisch. Man kann zwischen die Kinder einen Schulranzen stellen.
Interessanter wird es, wenn die Schülerinnen und Schüler eine festgelegte Auswahl an Legosteinen zur Verfügung gestellt bekommen. Es spielen dann noch Form und Farbe eine Rolle. Der Wortschatz, der verwendet werden muss, kann noch differenzierter zum Einsatz kommen.

Material / Kopiervorlage

Wechsel dich!

	links / rechts neben
	auf
	unter
	hinter
	vor
	zwischen

→ Theater im Karton

Ziel der Methode

Die Schülerinnen und Schüler
- trainieren freies Sprechen zu selbst gemalten Bildern,
- wenden einen zur Geschichte ausgewählten Wortschatz aktiv an (Sprachhandeln),
- reflektieren durch eine entsprechende Sprachaufnahme über das eigene Sprechen.

Einsatzmöglichkeiten

Die Methode eignet sich
- zu Beginn eines Gesprächskreises,
- als festes methodisches Element vor dem Schreibprozess.

Material

- ein Schuhkarton (in DIN-A4-Größe) mit einer offenen Seite – in eine der schmalen langen Seitenflächen wird ein Schlitz geschnitten; über diesen werden die einzelnen gemalten Bilder im Querformat von oben eingeschoben, am oberen Rand der im Querformat gemalten Bilder wird ein über das Papier hinausstehender fester Pappstreifen geklebt, damit das Bild nicht durch den oberen Schlitz im Karton rutscht

Vorbereitung

Die Lehrkraft erfindet eine Geschichte neu oder liest eine vorhandene Geschichte vor. Diese wird in Abschnitte aufgeteilt und entsprechende Bilder dazu gemalt.

Sozialform(en)	Stufe
Einzel-, Partner-, Gruppenarbeit	1 bis 4

Beschreibung

Zunächst wird von der Lehrkraft eine geeignete Geschichte vorgelesen oder frei erzählt. Die Schülerinnen und Schüler überlegen sich dazu Bilder und Figuren. Entsprechend den Ideen werden die Bilder gemalt. Dabei können Teile der Geschichte an einzelne Kinder vergeben werden und am Ende erzählt entweder ein Kind die gesamte Geschichte, oder aber es wird auch hier wieder aufgeteilt.

Tipp Praktiziert man diese Methode das erste Mal, ist es gut, die Geschichte kurzzuhalten. Es entstehen maximal drei Bilder, die während des Erzählens im Kartontheater ausgetauscht werden. Außerdem ist es von Vorteil, wenn während der Erzählung eine Audio- oder Filmaufnahme erstellt wird. Mithilfe der Aufnahmen lassen sich im Anschluss sehr fruchtbare Reflexionen mit den Schülerinnen und Schülern durchführen.

Varianten Sollen bewegliche Figuren hinzukommen, wird der Schlitz oben im Karton etwas vergrößert. Es werden die Figuren separat aufgezeichnet, ausgeschnitten und an einen möglichst langen Schaschlik-Spieß geklebt. Von oben durch den Schlitz kann vor der Kulisse mit den Figuren gespielt werden. Spielt man zusätzlich mit Figuren, können natürlich Rollen verteilt werden.
Die erzählte Geschichte kann ein offenes Ende haben. Aus diesem offenen Ende heraus entsteht ein Schreibanlass. Das selbst gefundene Ende kann wiederum gemalt werden und die Erzählung im Kartontheater komplettieren.

Material / Kopiervorlage

Im verrückten Schloss

Es war einmal ein König, der lebte mit einer Prinzessin in einem großen Schloss. Eines Nachts wachte die Prinzessin auf. Sie hörte ein schauerliches Buuuhuuu. Plötzlich stand ein Geist neben ihr. Sie erschrak fürchterlich und schrie: „Hiiiilfe!"
Der brave Hausdrache des Königs kam sofort angeflitzt und verschluckte den Geist mit einem Happs. Die Prinzessin war gerettet. Aber dafür hatte der Drache jetzt einen fürchterlichen Schluckauf. Jedes Mal, wenn er hicksen musste, schnaubte er einen großen Schwall Feuer.
Zum Glück hüpfte gerade ein Clown vorbei. Der machte einen Handstand und lauter andere verrückte Sachen. Der Drache musste so lachen, dass der Schluckauf bald weg war.
Als der Drache später wieder in seinem Turm einschlief, träumte er von Amerika, seinem Geburtsland. Ein Cowboy ritt neben ihm und plötzlich huschte ein Indianer aus dem Gebüsch. „Haaalt!", rief dieser und hob seine Hand.
„Das ist Indianerland. Drachen dürfen hier nicht rein. Keinen Schritt weiter!"
Vor Schreck hatte der Drache den nächsten Schluckauf. Aber der Cowboy schoss mit seiner Pistole einmal in die Luft. Der Indianer und der Schluckauf waren verschwunden.
Der Drache wachte auf und war froh, dass es nur ein Traum war.

Im verrückten Schloss

Wechsel dich!

	Prinzessin
	Geist
	Drachen
	Clown
	Cowboy
	Indianer

→ Moderator im Fernsehen

Ziel der Methode

Die Schülerinnen und Schüler lernen
- freies Sprechen,
- zu einem aktuell gewählten Thema den Wortschatz in der Anwendung flexibel zu verwenden,
- die Angst vor dem freien Sprechen zu verlieren.

Einsatzmöglichkeiten

Die Methode eignet sich vor allem auch bei sachunterrichtlichen Themen. Es kann ein Bericht über das aktuell im Unterricht behandelte Thema erstellt werden. Der dazu notwendige Fachwortschatz wird zuvor gesammelt.

Material

- möglichst großer Karton, der auf beiden Seiten offen ist; auf einer Seite wird ein Quadrat herausgeschnitten, um einen Fernseher anzudeuten

Vorbereitung

Eventuell bereiten die Schülerinnen und Schüler Stichpunkte zum Erzählen vor bzw. es liegen vor ihnen entsprechende Wortkarten mit dem benötigten Fachwortschatz. In einer vorgeschalteten Partnerarbeit können die Kinder ihren Fernsehbericht proben.

Sozialform(en)

Einzelarbeit vor der Klasse

Stufe

1 bis 4

Beschreibung

Ein großer Karton wird entsprechend vorbereitet, so dass er wie ein Fernseher aussieht. Er kann auch noch passend bemalt werden. In der Klasse / Gruppe einigt man sich auf das Thema des Nachrichtentextes, den der Moderator sprechen soll. Eventuell bereiten die Schülerinnen und Schüler einen Zettel mit Stichpunkten vor, oder aber es werden Wortkarten mit dem benötigten Fachwortschatz erstellt. In einer Partnerarbeit sprechen sich die Schülerinnen und Schüler den Nachrichtentext gegenseitig vor. Dann wird er mithilfe des „Fernsehers“ der gesamten Gruppe / Klasse vorgesprochen.

Tipp Von den Nachrichten wird eine Ton- oder Filmaufnahme erstellt und im Anschluss angehört oder angesehen.
Die zu moderierenden Texte müssen unbedingt dem Sprachstand der Kinder angepasst werden.

Variante Im „Fernsehen“ wird ein kurzes Bilderbuch vorgetragen. Dies kann zuvor gemeinsam in der Klasse gelesen worden sein. Ein Kind erzählt anhand der Bilder die Geschichte.

Material / Kopiervorlage

Kurze Sachtexte

Der Löwe lebt in Afrika. Er gehört zu den Katzen. Er kann durchschnittlich 190 Kilogramm wiegen. Männliche Löwen haben eine Mähne. Löwen leben am liebsten in der trockenen Savanne. Das ist ein weites Grasland. Löwen leben gerne in einem Rudel, das bedeutet in einer Gruppe.

Haie gehören zu den Knorpelfischen. Es gibt über 500 Arten von Haien. Die meisten Haie fressen Fische. Die Zähne von Haien können nachwachsen. In einem Haileben können das bis zu 30.000 Zähne sein! Der Hai kann besonders gut riechen. Haie leben im Meer.

→ Erzählstraße

Ziel der Methode
Die Schülerinnen und Schüler trainieren
- freies Erzählen,
- einen Handlungsstrang zu formen,
- einen thematischen Wortschatz anzuwenden,
- Dialoge zu entwickeln.

Einsatzmöglichkeiten
Die Methode eignet sich
- zum Erfinden von neuen Geschichten,
- zur Aufbereitung von schon bekannten Geschichten.

Material
- DIN-A4-Papier zu einem Band zusammengeklebt
- je nach Geschichte entsprechend ausgeschnittene Figuren an Schaschlik-Stäben

Vorbereitung
Es sollte eine geeignete Erzählung sein, welche möglichst linear nacherzählt werden kann.

Sozialform(en)
Einzel-, Partner-, Gruppenarbeit

Stufe
2 bis 4

Beschreibung
Die Lehrkraft erzählt eine Geschichte. Märchen eignen sich auch in besonderer Weise. Die Geschichte wird von den Kindern nacherzählt. Im Anschluss wird überlegt, welche einzelnen Szenen es gibt. Jede Szene wird auf ein DIN-A4-Papier aufgezeichnet. Entsprechende bewegliche Figuren werden hergestellt. Die Szenen werden in der richtigen Reihenfolge aneinandergeklebt (Klebestreifen auf der Rückseite) und wie eine Straße auf den Boden gelegt. Die beweglichen Figuren wandern nun entlang dieser „Straße“. Dabei wird die Geschichte erzählt.

Tipp Es wird von der Erzählung eine Filmaufnahme erstellt. Diese kann dann im Anschluss angesehen werden. Mithilfe einfacher Videoschnittprogramme können die Szenen auch mit Musik und Blenden unterlegt werden.

Material / Kopiervorlage

Erzählstraße

Es war einmal ein Zebra. Das Zebra wohnte in Afrika, mitten in der Savanne. Dort gab es auch einen schönen großen Fluss und viele große Bäume. Immer wieder traf das Zebra am Fluss einen geschwätzigen Spatzen. Der erzählte dem Zebra von der großen Stadt, den breiten Straßen, den hohen Häusern, den komischen Blechdosen auf vier Rädern und dem Zoo mit den vielen Tieren. Das Zebra wurde sehr sehr neugierig und eines Tages beschloss es, in die Stadt zu wandern.
Es war eine sehr lange und heiße Wanderung. Einmal konnte das Zebra nur knapp einem hungrigen Löwen entkommen. Der Spatz begleitete es und zeigte dem Zebra den Weg. Nach vier Tagen sah das Zebra von einem Hügel aus die Stadt vor sich liegen. Es bekam große Augen und galoppierte sofort los.
Nach kurzer Zeit schon stand es an einer großen Straße. So viele Menschen hatte das Zebra noch nie in seinem Leben gesehen. Und die komischen rollenden Blechbüchsen erst! Es hatte Angst, dass die hohen Häuser umfallen würden.
Vor lauter Müdigkeit legte es sich auf eine große Straße. Was machten die Leute. Sie trampelten einfach über das Zebra rüber. Ein Kind rief auch noch: „Mama! Schau mal! Sehr praktisch, ein Zebrastreifen!"
Da brummte schon ein großer Lastwagen heran. Das Zebra sprang in letzter Minute auf und rannte schnell aus der Stadt wieder heraus.
Schnaufend und aus der Puste stand es wieder auf dem Hügel. Es schaute nochmals zur Stadt hinunter und sagte laut: „Nein! Hier möchte ich nicht bleiben!"
Es wanderte in der heißen Sonne wieder zurück zum breiten Fluss und den hohen Bäumen. Seine Familie erwartete ihn schon sehnsüchtig und es war froh wieder zu Hause zu sein.

→ Mit Fingerfiguren erzählen

Ziel der Methode
Die Schülerinnen und Schüler üben
- Erzählen mithilfe von Fingerfiguren,
- Sprechen in Reimen,
- rhythmisches Sprechen.

Einsatzmöglichkeiten
Die Methode eignet sich
- zu Beginn oder am Ende einer Unterrichtseinheit,
- zum Auflockern vor dem freien Sprechen oder Erzählen.

Material
- Text / Reim (siehe Beispielreim)
- passende Figuren (siehe Beispiel auf der Kopiervorlage)

Vorbereitung
Verwertbar sind ein gut erzählter Text oder eingängiger kurzer Reim. Der Reim sollte auswendig gelernt werden.

Sozialform(en)
Einzelarbeit

Stufe
1 bis 4

Beschreibung
Zu einem Text oder Reim werden entsprechende Figuren aufgemalt. Diese werden ausgeschnitten und auf die Finger gesteckt. Entsprechend der Geschichte oder dem Reim werden die passenden Figuren zur Erzählung bewegt.

Tipp Im Handel gibt es viele gute Bücher zu Fingerspielen. Zu diesen Reimen kann man Figuren aufzeichnen lassen und diese auf die Finger stecken. Literaturhinweis: *Rita Diepman* (2013): Die 50 besten Fingerspiele. Die Fingerspiele-Hits der fantastischen Fünf. Don Bosco Verlag.

Material / Kopiervorlage

Fingerfigurenspiel

Ein Vater,
eine Mutter
und drei Kinder!

Sarah,
Lara
und die Barbara.

Wohnten glücklich und zufrieden
im Haus mit der Nummer sieben.

Bis eines Tages Zwackel,
der lustige Dackel
vor der Tür stand mit Gewackel.

Nun waren da:
Ein Vater,
eine Mutter,
Sarah,
Lara,
Barbara und
der Dackel Zwackel!

Sie wohnten glücklich und zufrieden
im Haus mit der Nummer sieben.

Theo Doerfler

Bastelvorlage

→ Generatives Sprechen

Ziel der Methode

Die Schülerinnen und Schüler trainieren,

- Laute richtig auszusprechen,
- rhythmisch zu sprechen,
- Reime zu entdecken,
- passende Wörter zu substituieren und einen eigenen Reim zu erfinden,
- implizites Grammatiklernen.

Einsatzmöglichkeiten

Die Methode eignet sich

- immer zu Beginn oder am Ende einer Einheit,
- zum Aufwärmen vor einer Gesprächsrunde oder dem freien Erzählen.

Material

- passendes Gedicht, welche sich zur Substitution eignet

Vorbereitung

Das Gedicht kann zum Auswendiglernen als vorbereitende Hausaufgabe zuvor mitgegeben werden.

Sozialform(en)	Stufe
Einzelarbeit	1 bis 4

Beschreibung

Ein kurzes Gedicht wird mit den Kindern gemeinsam gesprochen. Der Text des Gedichtes hängt an der Tafel. Die Kinder sitzen im Kinositz. Die Lehrkraft ersetzt geeignete Wörter durch Bild- oder Wortkarten. Dieser Impuls macht die Schülerinnen und Schüler darauf aufmerksam, dass man das Gedicht umdichten möchte. Eventuell ändern sich auch Artikel, Personalpronomen bzw. müssen auch Verben oder Adjektive entsprechend angepasst werden.

Tipps Es gibt eine Reihe von guten Gedichtbänden für Kinder im Handel. In diesen lassen sich geeignete Gedichte finden.
Heinz Erhardt / Christine Sormann (2009): Hinter eines Baumes Rinde ...: Gedichte für Kinder. Lappan Verlag.
Amelie Fried (2014) (Hrsg.): Ich liebe dich wie Apfelmus: Die schönsten Gedichte für Kleine und Große. cbj Verlag.
Wichtig ist, dass man zuvor die Substitution selbst ausprobiert um entsprechende Wortschatzarbeit vorzuschalten, bzw. andere sprachliche Hilfen anzubieten.

Material / Kopiervorlage

Lerne das Gedicht auswendig!

Eine kleine braune Schnecke
kroch
auf eine hohe grüne Hecke
Hurra!

Als sie oben war,
flatterte ein frecher Spatz vorbei.
Schnapp!
Oh wei!

Theo Doerfler

Reime nun du und nimm andere Tiere und Orte für das Gedicht.

Spinne		Dachrinne	
Blattlaus		Haus	
Floh		Stroh	
Fliege		Liege	
Zecke		Decke	

Passe Personalpronomen, Verben und Adjektive an so wie hier:

Eine kleine schwarze Spinne
krabbelte
auf eine hohe lange Rinne
Hurra!

Als sie oben war,
flatterte ein frecher Spatz vorbei.
Schnapp!
Oh wei!

→ Kurze Gespräche im Innen- und Außenkreis

Ziel der Methode
Die Schülerinnen und Schüler lernen,
- miteinander zu kommunizieren,
- mit möglichst vielen Mitschülerinnen und Schülern in einer kurzen Zeit ins Gespräch zu kommen,
- sich wiederholende Satzmuster anzuwenden.

Einsatzmöglichkeiten
Die Methode eignet sich
- zu Beginn oder am Anfang einer Unterrichtseinheit,
- als Möglichkeit des Austausches nach einer Erarbeitungsphase in Einzelarbeit.

Material
- sofern diese Methode als Begrüßungsritual verwendet wird, kann man den Schülerinnen und Schülern entsprechende „Floskeln" an die Hand geben.

Vorbereitung
Wichtig ist eine klare Anweisung zur Aufstellung in einen Innen- und Außenkreis – das rotierende Verfahren muss bekannt sein – sowie ein klarer Arbeitsauftrag.

Sozialform(en)	Stufe
Gesamte Gruppe / Klasse	1 bis 4

Beschreibung
Um möglichst schnell in einen mündlichen Austausch über ein Thema zu kommen eignet sich die Aufstellung in einen Innen- und Außenkreis. Die Klasse / Gruppe wird in zwei gleichstarke Gruppen aufgeteilt. Es wird ein Innenkreis gebildet. Die Kinder schauen nach außen. Ihnen gegenüber stellt sich der Außenkreis auf. So stehen sich am Ende immer zwei Kinder gegenüber. Auf ein Zeichen hin gehen die Schülerinnen und Schüler Partnerweise in den Austausch. Ein weiteres Zeichen gibt den Hinweis, dass sich beide Kreise gegenläufig zueinander um ein Kind weiterdrehen. Nun stehen sich zwei neue Partner gegenüber. Diesen Wechsel kann man mehrmals durchführen. Es muss am Ende nicht jeder mit jedem gesprochen haben.

Zur Begrüßung
- Guten Morgen! Wie geht es dir heute?
- Was hast du gestern / am Wochenende gemacht?
- Auf was freust du dich heute?

Auswertung
- Welche Aufgabe war für dich schwierig / leicht? Warum?
- Welches Ergebnis hast du gehabt?
- Hast du dich mit deinem Banknachbarn abgesprochen?
- Erkläre mir kurz deinen Lösungsweg.

Nach einer Partnerarbeit
- Hast du gut mit deinem Partner zusammenarbeiten können?
- Habt ihr euch die Arbeit aufgeteilt?
- Hat einer von euch etwas gut erklären können?
- Welche Lösung habt ihr gefunden?
- Würdest du gerne wieder mit deinem Partner zusammenarbeiten?

Nach einer Gruppenarbeit
- Habt ihr in der Gruppe gut zusammengearbeitet?
- Habt ihr euch die Arbeit aufgeteilt? Wie?
- Habt ihr eine Lösung gefunden?
- Seid ihr fertig geworden?
- Würdest du wieder gerne mit anderen Kindern in einer Gruppe zusammenarbeiten?

Tipp

Vor allem der Arbeitsauftrag muss klar gegeben werden. Über was soll gesprochen werden? Welche Formulierungshilfen bzw. welcher Wortschatz stehen zur Verfügung? Auf der Tafel finden sich eventuell passende Satzanfänge bzw. Satzverbindungen oder auch Fragen, die man an das Gegenüber richten kann. Passender Fachwortschatz hängt aus.

Variante

Mit einem vorformulierten Notizzettel gehen die Kinder in die Gespräche. Übrigens: Um sich oftmals langwierige Morgenkreise nach dem Wochenende zu sparen, kann stattdessen diese Methode eingeführt werden. Im sich anschließenden Sitzkreis werden dann nur noch maximal drei Kinder aufgerufen, die das besondere Erlebnis eines anderen Kindes kurz nacherzählen.

→ „Think-Pair-Square"

Ziel der Methode

Die Schülerinnen und Schüler

- können sich in einer vorgegebenen Abfolge mit unterschiedlichen Kindern aus der Klasse / Gruppe gezielt über ein Thema austauschen;
- sind „gezwungen", sich mit mindestens einem oder mehreren Mitschülern zu unterhalten;
- lernen, in den Gesprächen die Angst vor dem freien Sprechen zu verlieren.

Einsatzmöglichkeiten

Die Methode eignet sich Immer während der Erarbeitung eines speziellen Themas. Häufige und vielfältige Kommunikation ist für den Zweitspracherwerb vorteilhaft. Alle Formen des kooperativen Lernens sollten demnach auch in diesem Fach möglichst häufig zum Einsatz kommen.

Material

- zur Gruppenfindung immer vier Karten einer Farbe an vier Schüler verteilen

Vorbereitung

Das Prinzip lautet: erst Einzel-, dann Partner- und am Ende Gruppenarbeit (vier Kinder). Der Ablauf einer Gruppenarbeit sollte zuvor geklärt und geübt sein. Eventuell kann man im Vorfeld den rein organisatorischen Zusammenschluss in der Partner- und Gruppenarbeit trainieren.

Sozialform(en)	Stufe
Einzel-, Partner- und Gruppenarbeit	2 bis 4

Beschreibung

Eine Fragestellung oder Aufgabe wird in der Einzelarbeit bearbeitet. Es wird meist auch etwas aufgeschrieben bzw. eine individuelle Lösung notiert. Nach einer ersten Bearbeitungszeit finden sich immer zwei Kinder zu einem Partneraustausch zusammen und stellen sich gegenseitig ihre Lösungen und Ideen vor. Nach einer angemessenen Partnerarbeitszeit finden sich vier Kinder in einer Gruppe zusammen. Sie tauschen ihre Arbeiten aus und dokumentieren diese auf einem DIN-A3-Papier oder Plakat. Auf dem Plakat kann gezeichnet und geschrieben werden. Den Schülerinnen und Schülern sollte das Arbeiten in der Gruppe bekannt sein – auch die eventuelle Aufgabenverteilung in der Gruppenarbeit.

Aufgabenbeispiele:

- Silben zu Wörtern zusammensetzen, die gefundenen Wörter in der Gruppe zusammenstellen und eventuell nach Wortarten sortieren
- Wörter zu Gruppen sortieren, unterschiedliche Wörtergruppen am Ende auf einem Plakat zusammenstellen
- Erklärungen zu Wörtern aufschreiben, mit dem Partner vergleichen und in der Gruppe die besten Erklärungen zusammenfassen
- Mit drei oder vier Wörtern einen Satz bilden, in der Partnerarbeit die Sätze gegenseitig vorlesen und in der Gruppe die Sätze groß auf Satzstreifen schreiben
- Sätze zu Wörtern finden, die Sätze in der Gruppe sammeln
- Fragen zu Texten beantworten, die richtigen Antworten in der Gruppe gemeinsam aufschreiben
- Einen kurzen Text lesen, selbst Fragen entwerfen, diese dann in der Gruppe zusammenstellen und an andere Gruppen weitergeben
- Einen kurzen Text lesen, sich die Wörter herausschreiben, die man nicht versteht, in der Partnerarbeit austauschen und in der Gruppe die schwierigsten Wörter mit Erklärungen zusammenfassen
- Einen Witz lesen, diesen dem Partner erzählen – im Anschluss in der Gruppe eine Erzählrunde durchführen

Tipp

Die Phase der Einzel- und Partnerarbeit sollte zehn Minuten nicht überschreiten. Die Gruppenarbeit sollte maximal 20 Minuten betragen. Daher sind für diese kooperative Form nur Aufgaben geeignet, die möglichst zügig zu lösen sind. Hier gilt die Devise: Je kürzer und konkreter, desto effektiver!

Material / Kopiervorlage

„Think-Pair-Square"

Sortiere diese Wörter in Gruppen:

1	2
das Fahrrad, lang, treten, der Bagger, gelb, das Auto, schaufeln, flitzen, weiß, der Bus, rot, alt	verlaufen, die Schuhe, der Wald, verkleinert, verloren, abrutschen, umziehen, das Gebüsch, vertrocknet, aufhalten, der Ast, das Baumhaus

Bilde mit diesen drei Wörtern einen Satz:

A: Manuel, geklaut, Geldbeutel
B: Maus, Adler, Sturzflug
C: Löwe, Gazelle, schleicht
D: Zeitung, Briefkasten, Herr Bauer
E: Computerspiel, teuer, Regal
F: Kuchen, Sahne, Fliege
G: grün, lang, glitschig

Lies diesen kurzen Text.

Paul hat eine Sonnenblume gepflanzt. Sie ist schon unglaubliche drei Meter hoch. Gestern hat er geträumt, dass er mit der Leiter auf die Sonnenblume geklettert ist. Dann hat er sich mitten in die Blüte gesetzt und von einem großen Erdbeereis geträumt. Die Erdbeeren waren so groß wie Tennisbälle und er musste wie in einen Apfel hineinbeißen. Unglaublich! Was hast du schon alles geträumt?

Überlege dir zwei Fragen zur Geschichte.

Frage 1: ______________________________

____

Frage 2: ______________________________

____

→ Ein Wort passt nicht

Ziel der Methode

Die Schülerinnen und Schüler
- vergleichen eine überschaubare Gruppe von Wörtern miteinander,
- erkennen Gemeinsamkeiten und Unterschiede auf der inhaltlichen oder sprachlichen Ebene,
- denken über Sprache nach,
- erweitern die eigenen Konzepte zu bestimmten Wörtern durch den Vergleich.

Einsatzmöglichkeiten

Die Methode eignet sich
- zu Beginn oder am Ende einer Unterrichtseinheit,
- zur Einführung eines besonderen grammatikalischen oder rechtschriftlichen Aspektes,
- zur zusammenfassenden Wiederholung sprachlicher Phänomene.

Material

- je nach Sprachstand: drei oder vier Wortkarten mit ausgewählten Wörtern

Vorbereitung

Das Prinzip des Spiels muss den Kindern erläutert werden. Vor allem ist es wichtig zu vermitteln, dass es durchaus mehrere Lösungen geben kann.

Sozialform(en)	Stufe
Gruppenarbeit	1 bis 4

Beschreibung

Die Lehrkraft legt drei oder vier Wörter auf Wortkarten auf den Boden. Die Karten sind im Dreieck oder Viereck ausgelegt. Die Kinder werden aufgefordert die Wörter genau zu lesen und zu überlegen, welches Wort ihrer Meinung nach nicht zu der Gruppe passt. Wenn sie sich entschieden haben, stellen sie sich zu dem Wort, welches ihrer Meinung nach aus der Gruppe herausfällt.
Im Anschluss wird stellt jedes Kind seine Begründung für die Wahl vor. Jede Begründung wird ernst genommen und nur korrigiert, sofern es auf der sprachlichen Ebene Missverständnisse gegeben hat.

Tipp Es sollten nicht mehr als zwei solcher Wörtergruppen hintereinander besprochen werden. Die Auswahl der Wörter kann eine bestimmte Richtung des Gesprächs vorgeben (z. B. sind drei der Wörter mit Doppellaut – ein Wort hat keinen Doppellaut oder drei der Wörter sind Nomen, eines der Wörter ist ein Verb etc.)

Variante Die Schülerinnen und Schüler werden aufgefordert, zum aktuellen Wortschatz (z. B. auch Heimat- und Sachunterricht) eine eigene Wörtergruppe zu enrstellen. Diese Wörtergruppen werden innerhalb der Klasse ausgetauscht.

Material / Kopiervorlage

Beispiele für Wörtergruppen

Auf der inhaltlichen Ebene:

A: der Igel, die Stacheln, die Schnauze, das Fahrrad
B: rennen, laufen, flitzen, schwimmen
C: grün, blau, rot, die Polizei
D: der Baum, der Stamm, die Blätter, der Maulwurf
E: der Tiger, die Schlange, der Elefant, der Berg
F: der Arm, das Bein, die Hand, der Gartenschlauch

Auf der sprachlichen Ebene

A: spielen, essen, schwimmen, der Nagel
B: vergessen, abschauen, aufschreiben, essen
C: das Meer, der Fisch, die Muschel, paddeln
D: rollen, die Spinne, der Teppich, lachen
E: der Hahn, die Bohne, der Draht, die Schuhe
F: das Hausdach, der Fußball, die Kuhmilch, das Bett

→ Welche Sache fehlt?

Ziel der Methode
Die Schülerinnen und Schüler trainieren
- Konzentration und Aufmerksamkeit,
- Gegenstände und Dinge benennen zu können,
- Wortschatz zu memorieren.

Einsatzmöglichkeiten
Die Methode eignet sich
- zu Beginn oder am Ende einer Unterrichtseinheit als „Warm-up“,
- zur Einführung eines Themenwortschatzes,
- um sich Fachbegriffe zu merken.

Material
- Reale Gegenstände, Bild- oder Wortkarten zu einem Themenwortschatz
- Tuch

Vorbereitung
Den Schülerinnen und Schülern muss die Methode bekannt sein.

Sozialform(en)
Gruppe oder Klasse

Stufe
1 bis 4

Beschreibung
Es werden sechs bis acht Gegenstände, Bild- oder Wortkarten, zu einem bestimmten Themenwortschatz in die Kreismitte gelegt. Diese werden mit einem Tuch abgedeckt. Alle Kinder schließen die Augen oder drehen sich mit dem Rücken zum Kreis. Ein Schüler entfernt eines der Gegenstände bzw. eine der Bild- oder Wortkarten und hält ihn / sie versteckt. Die Mitschüler drehen sich wieder zur Kreismitte. Das Tuch wird weggenommen. Welcher Gegenstand / welche Bild- oder Wortkarte fehlt? Der Schüler, der die richtige Antwort nennt, ist der Nächste.

Tipp Da die Kinder sich mit dem Augenschließen eher schwer tun, ist es besser, sie drehen sich nach außen. Die Methode eignet sich auch für Kleingruppen zu dritt oder viert. So kommen schneller mehr Kinder an die Reihe.

Variante Das Spiel kann auch anders herum gespielt werden. Zu den drei oder vier Dingen in der Kreismitte wird etwas Neues hinzugefügt. Was ist es?

Am Körper	
der Kopf	der Finger
der Hals	der Bauch
das Ohr	das Bein
das Auge	das Knie
die Nase	der Fuß
die Haare	der Zeh
der Arm	die Schulter
die Hand	der Rücken

In der Natur	
der Baum	der Hund
die Blume	die Katze
das Gras	die Maus
der Vogel	der See
der Himmel	der Fluss
die Wolke	der Wald
die Sonne	die Wiese
die Biene	der Regen

Fahrzeuge	
das Auto	der Transporter
der Bus	der Anhänger
das Fahrrad	der Traktor
der Laster	der Schneepflug
der Zug	der Roller
die Straßenbahn	das Skateboard
das Flugzeug	der Kran
das Motorrad	der Bagger

Im Haus	
das Schlafzimmer	das Sofa
das Wohnzimmer	der Stuhl
die Küche	das Regal
die Toilette	der Tisch
die Garderobe	die Treppe
der Schrank	die Türe
das Bett	der Fernseher
der Teppich	die Stereoanlage

Material / Kopiervorlage

Welche Sache fehlt?

In der Schule

der Schulranzen	die Tafel
das Mäppchen	die Kreide
der Kleber	der Schwamm
die Schere	der Lappen
der Bleistift	der Stuhl
der Radiergummi	der Tisch
das Lineal	die Trinkflasche
der Spitzer	die Pausendose

Tiere im Zoo

→ Schlüsselbegriffskarten

Ziel der Methode

Die Schülerinnen und Schüler lernen,

- aus einem Text zentrale Begriffe / Wörter herauszusuchen,
- eine Erklärung zu diesen Schlüsselbegriffen zu formulieren,
- sprachliche Besonderheiten an dem jeweiligen Wort zu entdecken.

Einsatzmöglichkeiten

Die Methode eignet sich immer wenn ein Text, vor allem auch ein Sachtext mit entsprechendem Fachwortschatz gelesen wird.

Material

- leere Wortkarten
- eventuell farbige Stifte

Vorbereitung

Es gilt, die Wortkarten vorher herzustellen.

Sozialform(en)

Einzel- oder Partnerarbeit

Stufe

2 bis 4

Beschreibung

Ein Text bzw. Sachtext wird gelesen. Die Schüler sollen zentrale Wörter im Text unterstreichen. Eventuell begrenzt man die Anzahl der Wörter (z. B. vier oder fünf). Im Anschluss schreiben die Kinder ihre Wörter auf eine Wortkarte. Es werden Besonderheiten markiert,etwa die Wortart (farbig unterstrichen) oder bestimmte Endungen (Mehrzahl) in Klammern hinzugefügt etc.
Auf der Rückseite der Karte werden je nach Sprachstand ein oder mehrere Sätze mit dem Wort aufgeschrieben, oder aber es wird eine Erklärung zu dem Wort notiert. Einfacher ist es natürlich, einen Satz mit dem Wort zu schreiben. Das Wort wird im Satz nochmals unterstrichen.

Tipp Die gewählten Texte sollten dem Spachkönnen der Schülerinnen und Schüler entsprechend angepasst sein. Günstig ist es, mit kurzen Texten zu arbeiten.
Die Wortkarten werden im Klassenzimmer aufgehängt und stehen in Gesprächen über den Text zur Verfügung.
Eventuell werden die Karten auch in einer individuellen Kartei gesammelt. Die Sortierung kann wie im Wörterbuch nach dem ABC erfolgen. Eine Ordnung nach Wortarten ist auch denkbar.

Variante Eventuell ist es notwendig, die Methode zunächst nur an einem Satz auszuprobieren.

Material / Kopiervorlage

Kurze Sachtexte

Pythons sind Schlangen, die in Afrika, Asien und Australien vorkommen. Pythons sind ungiftig und töten ihre Beute durch Umschlingen. Ein Pythonweibchen kann bis zu 100 Eier legen. Außerdem jagen sie gerne in der Dämmerung oder Nacht. Pythons können zwischen 40 und 50 Jahre alt werden.

Skorpione gehören zu den Spinnentieren. Die größten Skorpione können bis zu 21 cm lang sein. Skorpione leben gerne in sandigen oder steinigen Gegenden. Sie ernähren sich von anderen Insekten und können aber auch bis zu 12 Monate hungern. Skorpione sind nur in der Nacht unterwegs und setzen manchmal auch ihren Giftstachel ein.

→ Mindmaps

Ziel der Methode

Die Schülerinnen und Schüler

- sammeln Wortschatz zu einem Themenfeld oder einzelnen Begriff,
- bekommen Überblick über den bekannten Wortschatz und fügen neuen hinzu,
- lernen die Methode des „Brainstorming" als sinnvolles Arbeitsinstrument anzuwenden.

Einsatzmöglichkeiten

Die Methode eignet sich

- zu Beginn einer Unterrichtseinheit,
- als Einstieg in ein bestimmtes Thema.

Material

- weiße Blätter und Stifte

Sozialform(en)	Stufe
Einzel-, Partner- oder Gruppenarbeit	1 bis 4

Beschreibung

Zu Beginn eines Themas wird ein zentraler Begriff in die Mitte eines weißen Blattes geschrieben. Alles, was einem zu diesem Wort einfällt, wird um diesen Begriff herum gruppiert. Dies wird als „Brainstorming" bezeichnet. Fängt man dann an, die Gedanken entsprechend zu sortieren bzw. zu ordnen, nähert man sich dem Begriff der „Mindmap" – eine Kategorisierung der Einfälle wäre also der nächste Schritt.

Tipp Gut ist es, wenn jedes Kind noch vor einer Zusammenfassung in Partner- bzw. Gruppenarbeit seine eigene Mindmap erstellt. Die Mindmaps können im Klassenzimmer aufgehängt werden.

Variante Um einer „Mindmap" gerechter zu werden, kann man neben dem zentralen Begriff in der Mitte noch Unterüberschriften finden und diese um den zentralen Begriff anordnen. So ergibt sich von vornherein eine strukturiertere Ansicht.

Beispiele für die Erstellung einer „Mindmap"

A: zentraler Begriff *Fahrzeuge*
Unterüberschriften: auf dem Land – in der Luft – auf dem Wasser

B: zentraler Begriff *Obst*
Unterüberschriften: wachsen hier in Deutschland – wachsen in anderen Ländern – muss man schälen – kann man mit Schale essen

C: zentraler Begriff *zusammengesetzte Nomen*
Unterüberschriften: nach Artikel der / die / das sortiert – ein Teil des Wortes ist ein Verb – ein Teil des Wortes ist ein Adjektiv

D: zentraler Begriff *Wörter mit Vorsilben*
Unterüberschriften: Wörter mit -ver, -vor, auf-, um- etc.

E: zentraler Begriff *gehen*
Unterüberschriften: wie ich gehen kann – sehr schnell – schnell – langsam – sehr langsam

F: zentraler Begriff *der Tiger*
Unterüberschriften: Aussehen – Lebensraum – Nahrung – Jagd

G: zentraler Begriff *Mein Freund / meine Freundin*
Unterüberschriften: wie sieht er / sie aus – welche Hobbys mag er / sie – welches Lieblingsessen mag er / sie – was mag er / sie gar nicht

H: zentraler Begriff *Gefühle*
Unterüberschriften: wann bin ich traurig – wann bin ich wütend – wann bin ich fröhlich – wann bin ich beleidigt etc.

→ „Koffer packen“

Ziel der Methode
Die Schülerinnen und Schüler trainieren,
- Wortschatz durch Wiederholung zu memorieren,
- ihre Aussprache zu verbessern.

Einsatzmöglichkeiten
Die Methode eignet sich
- zu Beginn oder am Ende einer Unterrichtseinheit,
- als „Warm-up“.

Material
- eventuell zu einem aktuellen Themenwortschatz entsprechende Bildkarten am Boden – diese dienen anfangs der Unterstützung

Vorbereitung
Der Themenwortschatz sollte den Schülern geläufig sein.

Sozialform(en)
Gruppe oder Klasse

Stufe
1 bis 4

Beschreibung
Die Gruppe oder Klasse geht auf die Reise und packt ihren Koffer. Das erste Kind beginnt mit dem Satz: „Ich packe meinen Koffer und nehme eine Hose mit.“ Das zweite Kind sagt: „Ich packe meinen Koffer, nehme eine Hose und einen Pulli mit.“ Jedes weitere Kind wiederholt zunächst die genannten Gegenstände der vorherigen Mitschüler.

Tipp Sinnvoll ist dieses Spiel, wenn tatsächlich gezielt ein Themenwortschatz verwendet wird, z. B. Kleidung. Es kann aber auch der „Einkaufskorb“ gepackt werden. Dann spielt der Wortschatz Obst und Gemüse eventuell eine tragende Rolle. Oder aber ich packe mein Auto für den Urlaub. Ich kann natürlich auch meinen Schulranzen oder Sportbeutel packen. Der Themenwortschatz ändert sich entsprechend. Zur Unterstützung können Wort- oder Bildkarten auf dem Boden ausgelegt werden.

Variante Um möglichst lange Wartezeiten in einer Klasse zu reduzieren, wird das Spiel in der Gruppe (vier, fünf oder sechs Kinder) gespielt.

Material / Kopiervorlage

Wortschatz Kleidung

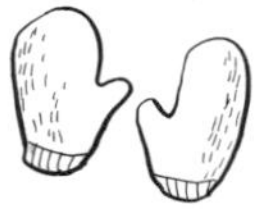

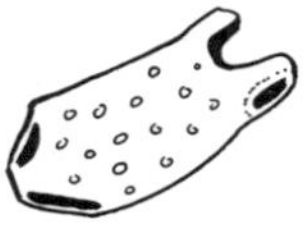

Wortschatz Schulranzen

→ Wörterbingo

Ziel der Methode
Die Schülerinnen und Schüler trainieren den Wortschatz.

Einsatzmöglichkeiten
Die Methode eignet sich
- zur Einführung oder
- Wiederholung eines Themenwortschatzes.

Material
- leere Bingovorlage und Plättchen zum Abdecken der Wörter

Vorbereitung
Die Schülerinnen und Schüler tragen in ihre leere Vorlage 16 Wörter aus dem aktuell behandelten Wortschatz ein. Die 16 Wörter sind vorgegeben.

Sozialform(en)
Einzelarbeit

Stufe
2 bis 4

Beschreibung
Ein aktueller Themenwortschatz sollte den Kindern geläufig sein. Es wird den Schülerinnen und Schülern die Bingovorlage ausgeteilt. Die zuvor festgelegten 16 Wörter dürfen die Schülerinnen und Schüler in freier Wahl in die Felder eintragen. Außerdem liegen genügend Abdeckplättchen bereit.
Die Lehrkraft oder ein Schüler sprechen die Wörter der Reihe nach laut und deutlich vor. Alle anderen Kinder sprechen das Wort im Chor nach. Jedes Kind legt ein Abdeckplättchen auf das gewählte Wort auf seiner Vorlage. Wer als Erstes vier Plättchen senkrecht, waagerecht oder diagonal liegen hat, ruft „Bingo“ und hat gewonnen. Das Spiel beginnt von vorne. Alle Plättchen werden wieder von der eigenen Vorlage abgeräumt.

Tipp Die im Laufe des Schuljahres entstandenen Bingoblätter werden in einer Mappe oder einem Hefter aufbewahrt und können so immer wieder (auch für Gruppenarbeiten oder in der Wochenplanarbeit) verwendet werden.

Variante Das Bingofeld kann natürlich auf 25 Felder (bzw. Begriffe) erweitert werden.

Material / Kopiervorlage

Wortfeld-Bingo

Trage die Wörter der Gruppen A – D frei in die Bingofelder ein.

A: Wortfeld *gehen*
laufen, rennen, flitzen, sausen, humpeln, bummeln, stolzieren, schleichen, stolpern, sprinten, schreiten, marschieren, galoppieren, schlürfen, watscheln, gehen

B: Wortschatz *Früchte*
die Orange, die Banane, der Apfel, die Ananas, die Pflaume, die Weintrauben, die Mango, der Pfirsich, die Mandarine, die Grapefruit, die Kirsche, die Melone, die Zitrone, die Birne, der Granatapfel, die Papaya.

C: Fachwortschatz *Fahrrad*
die Reifen, der Lenker, das Licht, die Kette, der Gepäckträger, das Schutzblech, die Klingel, die Speichen, der Tacho, der Sattel, die Rückleuchte, der Reflektor, das Ventil, die Vorderradbremse, das Fahrrad, die Hinterradbremse

D: Fachwortschatz *Gemüse*
die Gurke, die Karotte, der Salat, der Kohl, die Zucchini, die Paprika, die Tomate, der Lauch, die Zwiebel, der Knoblauch, die Kartoffel, der Kohlrabi, die Petersilie, der Spinat, der Rettich, die Bohne

Bingovorlage

→ Schnapp!

Ziel der Methode

Die Schülerinnen und Schüler trainieren

- Wortschatz,
- Konzentration und Aufmerksamkeit.

Einsatzmöglichkeiten

Die Methode eignet sich

- zu Beginn oder am Ende einer Unterrichtseinheit.

Material

- ein Satz Bild- und / oder Wortkarten zum Themenwortschatz pro Kind

Vorbereitung

Das Material für die Schüler muss hergestellt werden.

Sozialform(en)	Stufe
Partnerarbeit	1 bis 4

Beschreibung

Die Schülerinnen und Schüler arbeiten zu zweit zusammen. Jedes Kind hat vor sich einen Stapel mit den gleichen Wort- oder Bildkarten verdeckt liegen. Beide decken gleichzeitig die obere Karte auf. Jeder liest sein Wort vor. Sind die beiden Karten nicht gleich, werden sie abgelegt und die nächste Karte aufgedeckt.
Es wird wieder vorgelesen oder vorgesprochen, was auf der eigenen Karte zu sehen ist. Sind beide Karten gleich, versucht jedes Kind so schnell wie möglich „Schnapp!“ zu sagen. Wer es als Erstes gesagt hat, darf das gleiche Pärchen „behalten“ und auf die Seite legen.
Ist der Stapel einmal durchgespielt worden, wird neu gemischt und von vorne begonnen. Wer hat am Ende die meisten Pärchen?
Hier noch ein zusätzliches Beispiel:
Salat, die Milch, die Gurke, der Zucker, die Orangen, der Saft, die Bananen, die Marmelade, das Brot, der Honig, die Eier, die Butter, die Spaghetti, die Schokolade, der Käse, die Bonbons

Tipp Die Anzahl der Kärtchen sollte auf maximal 10 oder 12 Wörter beschränkt werden. Der Durchlauf ist somit schneller.

Variante Das Spiel kann auch zu dritt oder viert gespielt werden.

Material / Kopiervorlage

Fortbewegungsmittel

der Bus	der Kran
das Auto	der Schneepflug
das Flugzeug	der Rennwagen
das Fahrrad	die Kutsche
das Motorrad	der Drachen
der Bagger	das Skateboard
der Laster	die Inliner
der Roller	der Heißluftballon

→ Selbst ein Wörterdomino herstellen

Ziel der Methode

Die Schülerinnen und Schüler

- wiederholen und festigen den Wortschatz,
- lernen das silbische Prinzip unserer deutschen Wörter,
- erstellen selbstständig Material.

Einsatzmöglichkeiten

Die Methode eignet sich

- zu Beginn oder
- am Ende einer Unterrichtseinheit.

Material

- leervorlage für ein Domino

Vorbereitung

Der Themenwortschatz muss vorher erarbeitet sein.

Sozialform(en)

Einzel- und Partnerarbeit

Stufe

2 bis 4

Beschreibung

Statt selber als Lehrkraft aufwendig Dominos zu basteln, macht es viel mehr Sinn die Kinder dieses Material erstellen zu lassen. Zum einen werden Kompetenzen in der Herstellung erworben und die Schülerinnen und Schüler müssen außerdem den Wortschatz selber mindestens einmal schreiben.
Die leere Dominovorlage wird den Kindern ausgeteilt. Ein Pool an Wörtern steht zur Auswahl. Die Schülerinnen und Schüler überlegen zunächst, an welchen Stellen das Wort trennbar ist, und schreiben es getrennt auf zwei Dominoteile.

Tipps

Die erstellten Dominos werden mit anderen Kindern in der Klasse ausgetauscht oder aber in der Wochenplanarbeit zur Verfügung gestellt.
Es können gezielt Dominos zu unterschiedlichen rechtschriftlichen Phänomenen oder auch grammatikalischen Besonderheiten erstellt werden.

Material / Kopiervorlage

Domino mit Wörtern mit Doppellaut

Start	die Wan-	ne	die Kan-	ne	die Tan-	ne	die Ton-
ne	ren-	nen	schwim-	men	die Pan-	ne	die Pfan-
ne	rol-	len	die Bril-	le	die Spin-	ne	of-
fen	die Hen-	ne	es-	sen	das Kis-	sen	***Ende***

Start							
							Ende

→ Lesebaum

Ziel der Methode

Die Schülerinnen und Schüler lernen,

- wichtige Informationen aus einem Text herauszufiltern,
- Textverständnis zu entwickeln.

Einsatzmöglichkeiten

Die Methode eignet sich

- im Anschluss an einen gelesenen Text.

Material

- Kopiervorlage eines Lesebaumes

Vorbereitung

Mit den Schülerinnen und Schülern muss zuvor die Methode durchgesprochen werden. Eventuell hat die Lehrkraft ein Beispiel eines ausgefüllten Lesebaumes eines Kindes vorliegen.

Sozialform(en)	Stufe
Einzelarbeit	2 bis 4

Beschreibung

Diese Methode bietet sich an, um vom gängigen „Frage-Antwortspiel“ bezogen auf Texte und dem damit intendierten Textverständnis etwas wegzukommen: Es wird ein Text zum Lesen ausgegeben (kurze Texte sind hierfür geeigneter). Nachdem die Schülerinnen und Schüler die Überschrift gelesen haben, schreiben sie diese in den Stamm. Dann füllen sie den Wurzelbereich aus (was ich vermute / was ich schon weiß). Im Anschluss lesen die Kinder den gesamten Text. Auf eine Seite des Baumes (Blätter) werden Wörter herausgeschrieben, die wichtig sind (Schlüsselbegriffe) oder bei denen die Bedeutung nicht klar ist (bitte entscheiden!). Auf der anderen Seite werden zwei oder drei wichtige Informationen aus dem Text notiert. Wenn das Formulieren schwerfällt, kann man auch den einen oder anderen Satz direkt an diese Seite schreiben. Am Ende stellen einige Kinder ihren „Lesebaum“ im Kinositz vor.

Tipp Eventuell muss hier und da eine Kategorie reduziert werden. Es ist durchaus legitim, sich zunächst auf unverstandene Wörter zu konzentrieren und mit jedem weiteren Lesebaum einen weiteren Aspekt hinzuzunehmen.

Material / Kopiervorlage

Hat es Drachen gegeben?

Wenn man Zeichnungen von Drachen anschaut, dann sind sie eine Mischung aus Reptilien, Vögeln und Raubtieren. Oft haben sie Flügel und sie können Feuer speien. Bei uns in Europa ist der Drache eher ein menschenfeindliches und furchteinflößendes Ungeheuer. In vielen asiatischen Ländern ist er eher ein Glücksbringer. Nachdem schon vor 2.600 Jahren Drachen gezeichnet wurden, haben viele Menschen später geglaubt, dass es Drachen wirklich gibt. Sie haben sogar aufgeschrieben, welcher Teil vom Drachen am besten schmeckt, obwohl sie nie in ihrem Leben einen Drachen gesehen oder gegessen haben. Sehr merkwürdig, oder? Erst im 17. Jahrhundert haben Wissenschaftler nicht mehr daran geglaubt, dass es Drachen gibt. Erst als man die ersten Dinosaurier gefunden hat, haben viele Menschen wieder von Drachen gesprochen. Aber Dinos sind auch keine Drachen. Also gibt es Drachen nur in unserer Fantasie!

Mein Lesebaum

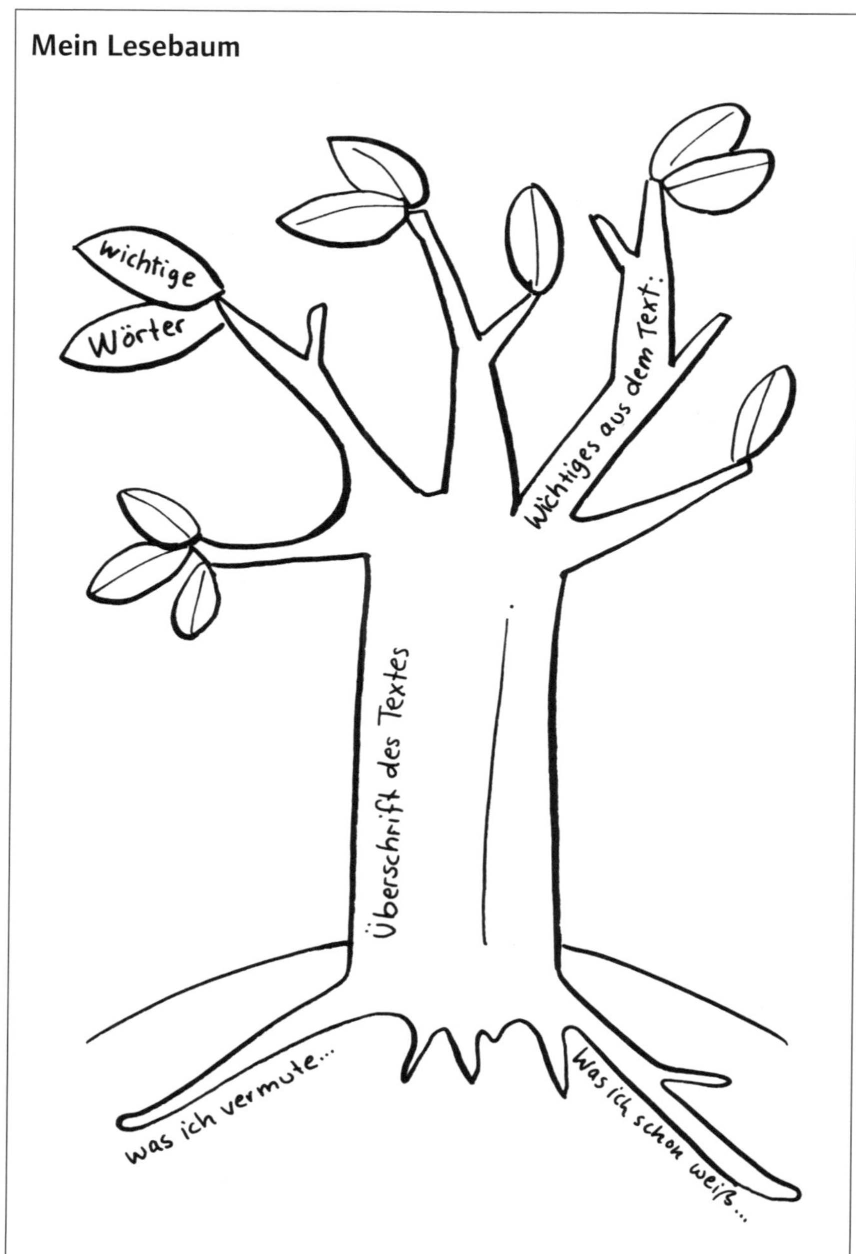

→ Zu einem Text Bilder legen

Ziel der Methode

Die Schülerinnen und Schüler lernen,

- konzentriert zuzuhören und zu lesen,
- Textverständnis aufzubauen,
- den Inhalt mithilfe der Bilder nachzuvollziehen,
- eventuell eine Geschichte nachzuerzählen.

Einsatzmöglichkeiten

Die Methode eignet sich,

- nachdem ein Text selber gelesen oder
- ein Text vorgelesen wurde.

Material

- Text und eine überschaubare Menge an passenden Bildern zum Text

Vorbereitung

Text und Bilder sind bereitzulegen.

Sozialform(en)

Einzel- oder Partnerarbeit

Stufe

2 bis 4

Beschreibung

Den Schülerinnen und Schülern wird ein knapper Text vorgelesen oder aber zum Selbst-Lesen ausgeteilt. Es ist weiterhin möglich, dass sich zwei Kinder einen Text in Abschnitten gegenseitig vorlesen.

Zum Text werden maximal sechs passende Bilder ausgegeben. Diese sollen im Anschluss an das Lesen in die passende Reihenfolge gebracht werden. Ist die Bildreihenfolge komplett, erzählen sich die Schülerinnen und Schüler in der Partnerarbeit die Geschichte mithilfe der Bilder gegenseitig.

Tipp Es bietet sich an, die Methode zunächst einmal gemeinsam mit der gesamten Klasse / Gruppe durchzuführen, um dann bei einem weiteren Mal die Schülerinnen und Schüler in der Partnerarbeit die Aufgabe lösen zu lassen.

Variante Ist der Text so geschrieben, dass es ein offenes Ende gibt, können die Schülerinnen und Schüler einen eigenen Schluss erfinden und diesen dann auf einem letzten Bildchen aufzeichnen oder sogar aufschreiben. (Bitte nicht die gesamte Geschichte aufschreiben lassen – sie existiert ja bereits als Lesestück!)

Material / Kopiervorlage

Überraschung!

Bettina war schon sehr aufgeregt. Die ganze Familie fuhr im Auto zum Flughafen. Jetzt war es soweit. Bettina stieg zum ersten Mal in ein großes Passagierflugzeug. Sie schaute aus dem Fenster und die Berge, Häuser und Straßen wurden immer kleiner. Nach zwei Stunden rumpelte es plötzlich. Das Flugzeug landete in Istanbul. Bettina stand an einem Förderband und sie wartete auf ihren Koffer. Da war er! Sie schnappte sich den Koffer.
Im Hotelzimmer öffnete Bettina ihren Koffer. Aber was war das? Sie konnte es nicht glauben. Im Koffer waren lauter …

Bringe die Bilder in die richtige Reihenfolge!

Familie im Auto zum Flughafen	Bettina steigt ins Flugzeug
Bettina schaut aus dem Fenster	Das Flugzeug landet in Istanbul
Bettina schnappt sich den Koffer	Bettina steht vor dem offenen Koffer mit einem erstaunten Gesicht

Hakan der Held!

Hakans Klasse war gestern im Zoo. Nach zwei Stunden liefen alle Kinder noch ein letztes Mal am Tigergehege vorbei. An einer Stelle gab es eine kleine Stufe. Hakan stellte sich auf diese Stufe und er konnte nun viel besser ins Gehege sehen. Aber von hinten schlich sich Ferdi an. Er schubste Hakan. Oh je! Der plumpste nach vorne und landete im Wassergraben im Tigergehege. Alle Kinder schrien vor Schreck. Zum Glück konnte Hakan schwimmen. Ein paar Meter entfernt stand der Tiger. Der gähnte und brüllte dann auch noch laut. Hakan strampelte im Wasser und rief um Hilfe. Inzwischen waren viele Menschen am Gehege und schauten mit Entsetzen zu Hakan. Langsam trottete der Tiger zu Hakan hinüber. Alle hielten den Atem an. Keiner konnte es glauben. Hakan lief auf den Tiger zu. Dann …

Bringe die Bilder in die richtige Reihenfolge!

Eine Klasse im Zoo	Tigergehege und Hakan steht auf der Stufe.
Ferdi schubst Hakan	Hakan strampelt im Wasser – im Hintergrund ist der Tiger zu sehen
Viele Menschen schauen ins Gehege – der Tiger brüllt	Hakan läuft mutig auf den Tiger zu

→ Textszenario

Ziel der Methode

Die Schülerinnen und Schüler erarbeiten sich
- verschiedene Zugänge zu einem Text,
- ein individuelles Textverständnis.

Einsatzmöglichkeiten

Die Methode eignet sich
- nach dem Lesen von einem Text.

Material

- Text
- eventuell Vorlage für eine Bildergeschichte
- Utensilien für das szenische Spiel
- Papier für Bilder

Vorbereitung

Die möglichen Aufgaben auf Karten sollten den Kindern aus der Arbeit mit Texten bekannt sein.

Sozialform(en)	Stufe
Einzel-, Partner- oder Gruppenarbeit	2 bis 4

Beschreibung

Ein Text wird alleine oder aber gemeinsam gelesen. Zu dem Text hängt eine unterschiedliche Anzahl von Aufgaben an der Tafel. Diese werden je nach Sprachkönnen, Erfahrung und Textinhalt variiert. Folgende Aufgaben sind denkbar:
- *Schreibe die Geschichte weiter (sofern sie ein offenes Ende hat).*
- *Suche schwierige Wörter aus der Geschichte heraus und lege ein kleines Wörterbuch an.*
- *Zeichne eine Bildergeschichte zum Text.*
- *Male die spannendste Stelle aus der Geschichte auf.*
- *Wähle eine Person oder ein Tier aus, male sie / es auf und zeichne über der Person / dem Tier eine große Sprechblase – sie erzählt etwas Wichtiges aus der Geschichte.*
- *Überlege dir fünf gute Fragen zur Geschichte.*
- *Kannst du zu der Geschichte ein Kreuzworträtsel entwerfen?*

- *Findet euch in einer Gruppe zusammen und versucht die Geschichte wie ein Theater zu spielen.*
- *Lies die Geschichte mehrmals durch; suche einen Partner und erzähle ihm / ihr die Geschichte* auswendig.

Jede Schülerin, jeder Schüler wählt eine Aufgabe aus und überlegt, in welcher Sozialform er diese bearbeiten möchte.

Tipp

Wenn man das erste Mal diese Methode anwendet, sollte man nicht mehr als drei Aufträge zur Auswahl anbieten. Je öfter man das Textszenario praktiziert, desto mehr Aufgaben kann man anbieten. Außerdem sollten die Schülerinnen und Schüler in der Durchführung von Partner- oder Gruppenarbeiten Kenntnisse haben.
Am Ende stellen die Schülerinnen und Schüler ihre unterschiedlichen Ergebnisse der gesamten Klasse vor.

Material / Kopiervorlage

Wie der Löwe zum See kam

Es lebte ein großer und starker Löwe in den Weiten Afrikas. Oft lag er auf einem Hügel in der Savanne und schaute hinunter ins Tal. Dabei brummte er: „Ach wie trocken ist nur das ganze Land!“ Die Trockenzeit dauerte nun schon viele viele Monate und auch im Fluss war schon lange kein Wasser mehr. Die meisten der Tiere hatten großen Durst bekommen und waren schon längst in eine andere Gegend gewandert.
Eines Tages flatterte über dem Kopf des Löwen eine Seemöwe. Sie krächzte: „He Löwe! Du bist wohl der Letzte, der noch nicht zum großen See gewandert ist. Willst du etwa verdursten?“
Der Löwe ärgerte sich über die freche Möwe. Er brüllte: „Lass mich in Ruhe! Hier ist mein zu Hause. Es regnet bestimmt bald wieder.“
Die Möwe lachte und sagte noch: „Wenn du magst, führe ich dich zum See. Überlege es dir gut. Ich bleibe noch eine Weile dort drüben auf dem verdorrten Baum sitzen.“
Der Löwe überlegte und überlegte. Er sehnte sich nach frischen Wasser und grünen Bäumen. Also trottete er nach einer Weile zur Möwe und beide machten sich auf den Weg. Nach vielen Tagen sah der Löwe schon den großen blauen See in der Ferne. Er glitzerte verführerisch. Viele hohe und schöne Bäume wuchsen am Ufer. Der Löwe rannte mit letzter Kraft zum See. Mit einem großen Sprung stürzte er sich ins kühle Wasser. Auch die Möwe tauchte in das erfrischende Nass. Was passierte dann? Naja, aus dem Löwen wurde plötzlich ein …

Aufgaben auf Karten für die Tafel

Schreibe die Geschichte weiter (sofern sie ein offenes Ende hat).	Lies die Geschichte mehrmals durch; suche einen Partner und erzähle ihm / ihr die Geschichte auswendig.
Suche schwierige Wörter aus der Geschichte heraus und lege ein kleines Wörterbuch an.	Überlege dir fünf gute Fragen zur Geschichte. Schreibe auch die Antworten auf. Stelle mit den Fragen und Antworten ein Memory her.
Zeichne eine Bildergeschichte zum Text. Du kannst auch Sprechblasen in deine Bilder einbauen.	Kannst du zu der Geschichte ein Kreuzworträtsel entwerfen?
Male die spannendste Stelle aus der Geschichte auf.	Findet euch in einer Gruppe zusammen und versucht die Geschichte wie ein Theater zu spielen.
Wähle eine Person oder ein Tier aus, male sie / es auf und zeichne über der Person / dem Tier eine große Sprechblase – sie erzählt etwas Wichtiges aus der Geschichte.	

→ Ein eigenes Wörterbüchlein anlegen

Ziel der Methode

Die Schülerinnen und Schüler

- suchen aus einem Text zentrale und / oder schwierige Wörter heraus,
- legen diese in der Form eines Wörterbuches an,
- verfassen Erklärungen / Umschreibungen zu den Wörtern,
- bauen Textverständnis auf,
- erweitern ihren Wortschatz – vor allem auch der Konzepte von Wörtern.

Einsatzmöglichkeiten

Die Methode eignet sich,

- nachdem ein Text gelesen wurde.
- vor allem für Sachtexte.

Material

- Vorlage für das Taschenbüchlein, welches als Wörterbuch angelegt wird

Vorbereitung

Der Text muss vorher gelesen werden.

Sozialform(en)

Einzelarbeit

Stufe

2 bis 4

Beschreibung

Nach dem Lesen eines Textes in Einzelarbeit unterstreichen sich die Schülerinnen und Schüler im Text alle Wörter, die sie wichtig erachten, bzw. die sie von der Bedeutung her nicht verstehen. Im Anschluss werden die unterstrichenen Wörter nach dem ABC auf einem Blockblatt sortiert. Zu den einzelnen Wörtern werden Erklärungen oder Umschreibungen formuliert. Dazu wird in gängigen Wörterbüchern nachgesehen oder aber auch im Internet recherchiert. Natürlich können auch Mitschüler oder die Lehrkraft gefragt werden.

Das Taschenbüchlein wird gefaltet. Auf der Vorderseite wird der eigene Name eingetragen. Es stehen sieben Seiten zur Verfügung. Diese werden mit dem ABC beschriftet: A – D, E – H, I – L, M – P, Q – T, U – W, XYZ und die gewählten Wörter eingetragen. Sofern Platz ist, kann die eine oder andere Erklärung hinzugefügt werden. Ansonsten bleibt es bei den Wörtern. Das eigene Wörterbuch kann einem Partner vorgestellt und die Wörter erklärt werden.

(obige Faltanleitung und Kopiervorlage auf S. 63 aus: *Theodor Dörfler* u. a. (2013): Oldenbourg Kopiervorlagen. Deutsch als Zweitsprache. Gezielt fördern und differenzieren, 1. – 2. Schuljahr. Band 188. Oldenbourg Schulbuchverlag, S. 5 und 21)

Material / Kopiervorlage

Die Vogelspinne

Wusstest du, dass die Vogelspinne nichts mit der Tarantel zu tun hat?
Die Tarantel ist eine Spinnenart aus Italien. Ihr wurde der Name nach der Stadt Tarent gegeben. Das ist eine Stadt in Apulien. Sie kommt auch dort vor. Als die Menschen Amerika entdeckten, übertrugen sie einfach den Namen auf die dortigen großen haarigen Spinnen. Der Name Vogelspinne wurde auch verwendet. So benutzen die Menschen beide Namen für völlig unterschiedliche Spinnenarten.
Vogelspinnen verdanken ihren Namen der Malerin Maria Sibylla Merian. Zu Beginn des 18. Jahrhunderts malte sie in Südamerika eine Spinne, die auf einem toten Vogel saß – eine „Vogelspinne“. Die Vogelspinne gehört nicht zu den Insekten, denn sie hat wie alle anderen Spinnen auch acht Beine. Insekten haben sechs Beine. Die größten Vogelspinnen sind die Weibchen der Gattung Theraphosa aus Venezuela. Ihr Körper wird bis zu 12 Zentimeter lang. Mit den Beinen zusammen kann die Spinne bis zu 30 Zentimeter im Durchmesser werden. Der Hauptpanzer der Vogelspinne wächst nicht mit. Daher müssen sich die Vogelspinnen regelmäßig häuten. Die wichtigsten Sinnesorgane sind die Tasthaare an den Beinen. Dadurch können sie kleinste Erschütterungen wahrnehmen.
Vogelspinnen fressen alles, was sie überwältigen können. Dies sind meist größere Insekten wie Grillen, Schaben und Heuschrecken. Es gehören auch Tausendfüßler und Skorpione dazu. Große Vogelspinnen können schon mal kleine Echsen und Nagetiere erbeuten, manchmal auch kranke Vögel. Gesunde Vögel gehören trotz ihres Namens nicht zu ihrer Beute.

Faltanleitung: Mein Wörterbüchlein

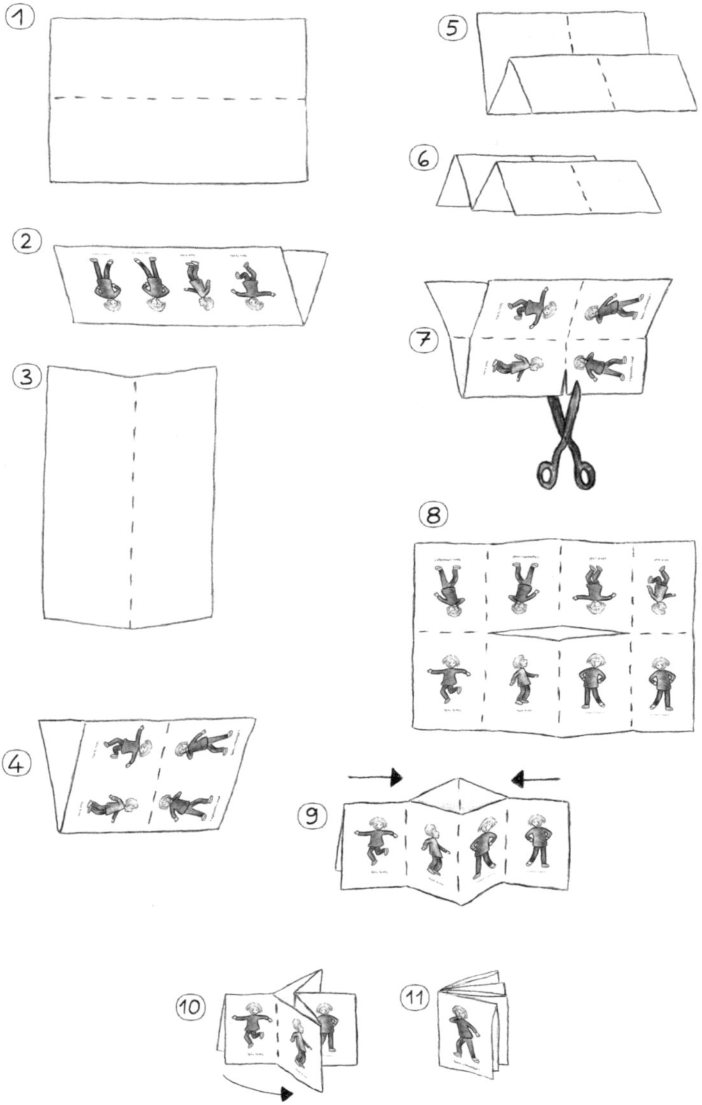

1

2

3

4

5

6

7

8

9

10

11

→ Textteile lesen und richtig ordnen

Ziel der Methode

Die Schülerinnen und Schüler

- erfassen den Inhalt von kurzen Textteilen zügig,
- überblicken den Handlungsablauf und ordne Textteile chronologisch,
- erfinden selbst kurze Geschichten aus vier Teilen und schreiben diese auf.

Einsatzmöglichkeiten

Die Methode eignet sich

- als „Warm-up" zu einer Unterrichtseinheit zum Lesen,
- für sprachschwächere Schülerinnen und Schüler zur Diffenrenzierung.

Material

- jeweils vier Textteile, welche zu einer Geschichte zusammengesetzt werden müssen

Vorbereitung

Kopierte und zerschnittene Textteile sind bereitzulegen.

Sozialform(en)

Einzel- oder Partnerarbeit

Stufe

2 bis 4

Beschreibung

Jedem Schüler werden in einem Umschlag die vier Textteile ausgeteilt. Die kurzen Abschnitte sollen leise gelesen werden. Schülerinnen und Schüler, welche sich im Lesen sehr schwer tun, arbeiten mit einem leistungsstärkeren Partner zusammen. Im Anschluss werden die Textabschnitte in die richtige Reihenfolge gebracht und einem Partner vorgelesen.

Tipp Zu den Textteilen können von den Schülerinnen und Schülern kleine Skizzen angefertigt werden. Textteile werden dann zusammen mit den eigenen Bildern aufgeklebt. Das Blatt kann als Lesehausaufgabe (Lesetraining) genutzt werden.

Variante Natürlich kann die Anzahl an Textteilen auf ein Minimum von drei reduziert, oder aber auf sechs oder mehr Abschnitte erweitert werden.

Beispieltexte

Tina rudert mit ihrem Vater aufs Meer hinaus. Sie haben eine Angel dabei.	Tina befestigt einen kleinen Fisch am Haken und wirft die Leine der Angel aus.
Plötzlich zieht es gewaltig an der Angelschnur. Tina kann gerade noch rechtzeitig die Angel festhalten.	Zusammen mit ihrem Vater schaffen sie es, die Leine einzuholen. Sie können ihren Augen nicht glauben. Am Haken hängt …

Ein Sturm zieht auf. Karl und Rudi rennen schnell über die Wiese.	Zum Glück sehen sie eine alte Scheune. Auch das Tor lässt sich öffnen.
Karl und Rudi lassen sich erschöpft auf das Stroh fallen. Draußen donnert und blitzt es inzwischen.	Plötzlich knarzt es im Hintergrund und im Halbdunkel sieht man zwei Augen leuchten. Oh je! Plötzlich …

Der Dackel von Frau Hübsch springt die Treppe hinunter. Frau Hübsch hat aus Versehen die Schlafzimmertüre aufgelassen.	Als der Dackel unten an der Treppe ankommt, öffnet Herr Hübsch gerade die schwere Haustüre.
Der Dackel saust raus, durch den Vorgarten und auf die große Straße.	Reifen quietschen und es macht einen großen Knall. Der Dackel steht wedelnd auf der anderen Straßenseite. Was ist passiert?

→ Drei Sätze – eine Geschichte

Ziel der Methode

Die Schülerinnen und Schüler

- können in einer möglichst kurzen Zeit und im geringen Umfang einen kleinen Text schreiben,
- nutzen eine feste Struktur durch die vorgegebenen Satzanfänge,
- erkennen langfristig, dass es einen sinnhaften Aufbau für eine Geschichte geben muss, damit der Adressat sie versteht.

Einsatzmöglichkeiten

Die Methode eignet sich

- vor dem Verfassen einer längeren Geschichte,
- als Vorbereitung auf ein strukturiertes Schreiben.

Material

- Satzanfänge auf Karten für die Tafel

Sozialform(en)

Einzel- oder Partnerarbeit

Stufe

2 bis 4

Beschreibung

Den Schülerinnen und Schülern werden zwei Beispiele einer kurzen Geschichte (mit gleichen Satzanfängen) gezeigt. Dann überlegen sie, ob die drei Sätze schon eine Geschichte ergeben und welche Elemente in beiden Geschichten ähnlich sind. Im Anschluss an das Unterstreichen der Satzanfänge in beiden Textbeispielen lautet der Arbeitsauftrag:
Schreibe auch eine kurze Geschichte mit drei Sätzen. Benutze der Reihe nach die Satzanfänge: Gestern – Plötzlich – Zum Glück.

Tipp Die Schülerinnen und Schüler können die Satzanfänge am Ende nochmal unterstreichen. Auch beim Vorlesen kann man auf eine verstärke Betonung der Satzanfänge achten.

Variante Es sind noch weitere Satzanfänge denkbar:

Gestern	Auf einmal	Am Ende war
Vorhin	In diesem Moment	Puh! Es war

Zwei Textbeispiele zur Einführung der Methode

Gestern landete ein Luftballon vor meiner Nase.
Plötzlich raste von links ein großer Laster an mir vorbei.
Zum Glück hatte der Fahrtwind den Luftballon in meine Hände gewirbelt.

Gestern fuhr Esmeralda mit ihrem Roller ins Freibad.
Plötzlich trappte sie fest auf die Bremse.
Eine kleine gelbe Schnecke kroch langsam über die Straße.

Mit fünf Satzanfängen lassen sich etwas längere Geschichten schreiben:
Gestern – Dies war ungewöhnlich, denn ... – Plötzlich – Sofort – Zum Glück

Textbeispiele:

Gestern kam meine Oma zu Besuch.
Dies war ungewöhnlich, denn sie wohnte in einer ganz anderen Stadt.
Plötzlich packte sie ein komisches schwarzes Gerät und drückte auf einen Knopf.
Sofort war sie verschwunden. Zum Glück war das nur in einem Film passiert.

Gestern ging Justus mit seinem Schäferhund spazieren.
Dies war ungewöhnlich, denn normalerweise machte dies sein Vater.
Plötzlich riss die Leine. Sofort rannte der Hund davon. Zum Glück saß er zu Hause vor der Tür.

→ Generative Textproduktion

Ziel der Methode
Die Schülerinnen und Schüler
- schreiben einen eigenen Text nach einem Muster,
- lernen durch die Substitution von einzelnen Wörtern implizit Grammatik,
- erweitern das Sprachgefühl über die Verwendung von Lyrik,
- erwerben Sprachmelodie und Sprachrhythmus durch Lyrik.

Einsatzmöglichkeiten
Die Methode eignet sich, wenn
- Unterrichtseinheiten zu Gedichten geplant sind,
- für die Schülerinnen und Schüler, die für ein spezielles grammatikalisches Phänomen sensibilisiert werden sollen.

Material
- Gedicht und Wortkarten zur Substitution
- eventuell geeignete Bildkarten

Vorbereitung
Als vorbereitende Hausaufgabe für die nächste Einheit wird das Gedicht zum Auswendiglernen mitgegeben.

Sozialform(en)	Stufe
Einzelarbeit	1 bis 4

Beschreibung
Ein möglichst kurzes und eingängiges Gedicht wird den Kindern vorgetragen. Im Anschluss wird es gemeinsam gesprochen. Unbekannte Wörter werden geklärt.

Am Folgetag wird das Gedicht von einzelnen Kindern aufgesagt. Auch ein gemeinsames Aufsagen steht nochmals an. Das Gedicht ist an der Tafel. Über einzelne Wörter wird eine Bild- oder Wortkarte als Impuls gehängt. Die Kinder merken, dass durch die Substitution eines Wortes der Rest des Gedichtes angepasst werden muss, z. B. verändern sich in Folge Artikel, Personalpronomen, Verben oder Adjektive.

Nach der mündlichen Substitution und des gemeinsames Sprechens des „neuen" Gedichtes werden die Schülerinnen und Schüler aufgefordert, ein eigenes Gedicht aufzuschreiben. Entsprechender Wortschatz muss zuvor gesammelt werden. Die Kinder können den Text entweder komplett neu aufschreiben oder aber einen Lückentext verwenden.

Tipp

Es gibt eine große Zahl an Gedichtbände für Kinder. Hier lassen sich viele kurze und eingängige Gedichte zur generativen Textproduktion finden. Bevor man ein Gedicht im Unterricht einsetzt, sollte man alle Möglichkeiten der Substitution selber ausprobieren – vor allem auch mit Blick auf die Grammatik, welche dann eine Rolle spielt. (Siehe dazu auch das Buch von *Gerlind Belke* ([2]2009): Poesie und Grammatik: Kreativer Umgang mit Texten im Deutschunterricht mehrsprachiger Lerngruppen. Für die Vorschule, Grundschule und Orientierungsstufe. Schneider Verlag Hohengehren)

Variante

Siehe dazu auch das Gedicht von der Schnecke in diesem Band (S. 25). Dieser Text lässt sich auf gleiche Weise nutzen.

Material / Kopiervorlage

Auf der Erde

Auf der Erde gibt es ein Land.
In dem Land gibt es eine Stadt.
In der Stadt gibt es ein Geschäft.
Im Geschäft gibt es ein Regal.
Auf dem Regal steht eine Kiste.
In der Kiste liegt eine Tüte.
In der Tüte steckt eine Nuss.
In der Nuss wohnt ein Käfer.
Der Käfer
träumt
von einem großen, weitem Land.

Theo Doerfler

So heißt mein Gedicht: ______________________________

Auf der Erde gibt es ein Land.

In dem Land gibt es eine Straße.

Auf der Straße gibt es

____

____

____

____

____

____

träumt ______________________________

von einem großen weitem Land.

Hier ist noch Platz für ein Bild zu deinem Gedicht.

→ Mein Name

Ziel der Methode
Die Schülerinnen und Schüler
- lernen sich gegenseitig in der Gruppe / Klasse kennen,
- holen über den eigenen Namen Informationen ein,
- erstellen ein Plakat mit allen wichtigen Informationen zum eigenen Namen.

Einsatzmöglichkeiten
Die Methode eignet sich
- zu Beginn eines Schuljahres in einer neuen Gruppe oder Klasse,
- auch während des Schuljahres zur Förderung des interkulturellen Lernens.

Material
- DIN-A3-Blatt (Kopiervorlage)

Vorbereitung
Die Schülerinnen und Schüler sollen zuvor zu Hause die Eltern / Großeltern fragen, wie es zu ihrem Namen gekommen ist und was er bedeutet.

Sozialform(en)	Stufe
Einzelarbeit	2 bis 4

Beschreibung
Diese Idee kann nur mit Unterstützung der Eltern bewältigt werden. Den Kindern wird die Kopiervorlage erklärt und als Hausaufgabe mitgegeben. Die Kinder sollen gemeinsam die auf der Vorlage gestellten vier Fragen zusammen mit ihren Eltern beantworten.
An einem Folgetag stellen die Kinder in einem Sitzkreis ihre Seite vor. Meist erfährt man über die Namen der Kinder vielfältige kulturelle Besonderheiten und das jeweils eigene Denken. Namen haben Bedeutungen und auch Eltern vergeben Namen aus bestimmten Gründen und verbinden diese mit besonderen Erwartungen. Die Namensseiten der Kinder bekommen einen festen Platz im Klassenzimmer.

Tipp Eine Welt- oder Europakarte kann bei den Erklärungen der Kinder unterstützend verwendet werden. Schülerinnen und Schüler ohne Sprachkenntnisse müssen zunächst bei den anderen Kindern zuhören. Vielleicht gibt es Kinder aus dem gleichen Sprachraum, die die Fragen auf der Kopiervorlage in die jeweilige Muttersprache übersetzen können.

Material / Kopiervorlage

Ich heiße:

Mein Name bedeutet:

Meine Eltern haben mir den Namen gegeben, weil ...

Woher stammt mein Name:

Ich mag meinen Namen, weil ...

→ Mein bisheriger Lebensweg

Ziel der Methode

Die Schülerinnen und Schüler

- setzen sich mit wichtigen Stationen / Etappen des bisherigen Lebens auseinander,
- lernen sich gegenseitig in der Gruppe / Klasse besser kennen,
- bringen vielfältige Ideen in der Darstellung ein.

Einsatzmöglichkeiten

Die Methode eignet sich

- zu Beginn eines Schuljahres, wenn eine Gruppe oder Klasse neu zusammenkommt,
- während des Schuljahres aus gegebenen Anlass, z. B. wenn ein neuer Schüler hinzukommt.

Material

- DIN-A3-Blatt

Vorbereitung

Die Schülerinnen und Schüler sollen vorbereitend mithilfe der Eltern wichtige Stationen / Erlebnisse mit Jahreszahlen auf einem Schreibblock notieren.

Sozialform(en)

Einzelarbeit

Stufe

2 bis 4

Beschreibung

Zunächst wird über unterschiedliche Bilder von Wegen / Straßen / Schienen etc. über die Variation von Wegen gesprochen. Im Anschluss kommt auch auf den Begriff „Lebensweg“ und dass dieser bei jedem Menschen sehr unterschiedlich aussehen kann. Den Kindern wird in Auftrag gegeben, für sich wichtige Ereignisse aus ihrem bisherigen Leben auf einem Block zu notieren. In einem ersten Kreisgespräch tragen die Kinder erste Ideen vor. Als Hausaufgabe sollen die Schülerinnen und Schüler diese Notizen noch mithilfe der Eltern erweitern und auch Jahreszahlen hinzufügen.

Am Folgetag werden unterschiedliche Illustrationsmöglichkeiten eines Lebensweges besprochen, eventuell auch einzelne konkrete Beispiele an der Tafel aufgezeichnet.
In Einzelarbeit erstellen die Schülerinnen und Schüler auf einem DIN-A3-Blatt den bisherigen Lebensweg. Es können kleine Texte oder Bilder hinzugefügt werden.

Tipp Natürlich bietet es sich auch an, den Weg in die Zukunft fortzusetzen. Es werden Wünsche für die Zukunft aufgeschrieben / gemalt.

Material / Kopiervorlage

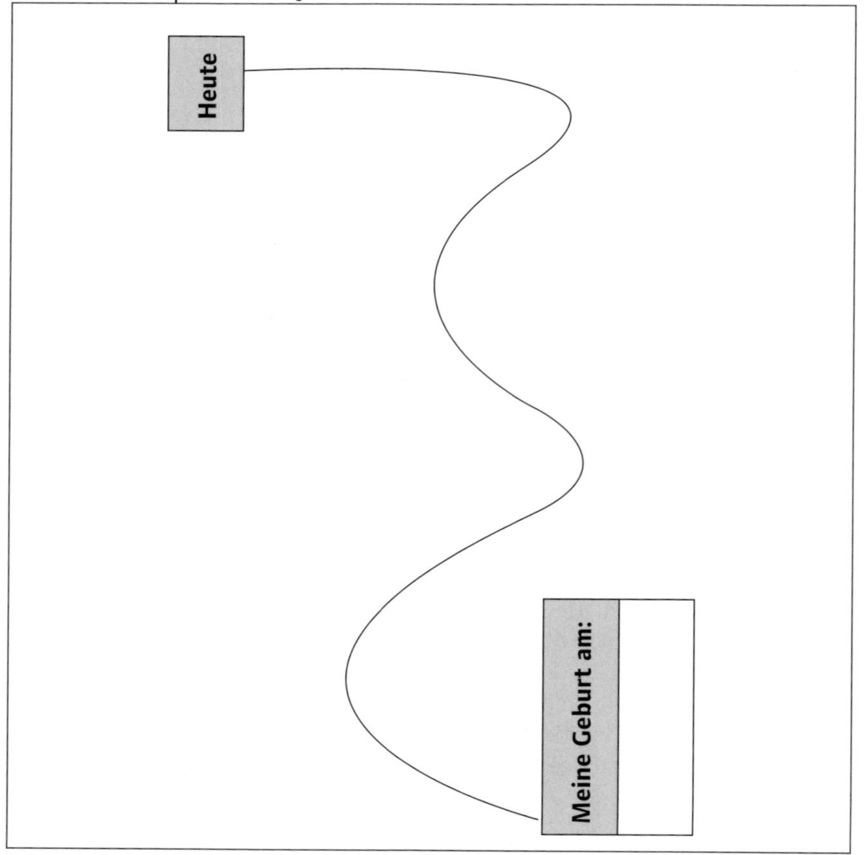

→ Ich und Du – wie wir uns sehen

Ziel der Methode

Die Schülerinnen und Schüler

- lernen sich gegenseitig besser kennen,
- schärfen die eigene Wahrnehmung.

Einsatzmöglichkeiten

Die Methode eignet sich

- zu Beginn oder
- während der Schuljahres.

Material

- DIN-A3-Vorlage mit den unten genannten Fragen

Vorbereitung

Zunächst ist es gut, die Anweisungen auf der Kopiervorlage zu klären: Was bedeuten diese? Eventuell müssen die Anweisungen in die jeweilige Muttersprache übersetzt werden.

Sozialform(en)

Partnerarbeit

Stufe

2 bis 4

Beschreibung

Immer zwei Kinder sitzen sich gegenüber. Die Kopiervorlage (bitte auf DIN A3 vergrößern) liegt zwischen den beiden Kindern. Jedes Kind schreibt zunächst fünf besondere Dinge über sich auf (linke Seite der eigenen Hälfte). Das Papier wird gedreht und das Partnerkind liest sich diese durch. Ein Austausch über die jeweiligen Besonderheiten des anderen findet statt.
Das Papier wird wieder gedreht. Jedes der Kinder notiert fünf beobachtbare Besonderheiten des Partners. Diese können besondere körperliche Eigenschaften oder Begabungen sein. Das Blatt wird wieder gedreht und jedes Kind liest den Abschnitt über die Wahrnehmung des Partnerkindes. Ein Austausch findet zwischen beiden Kindern statt. In einem gemeinsamen Sitzkreis können am Ende folgende Impulsfragen von der Lehrkraft gestellt werden:

- Wie ist es dir *gegangen, als du die Besonderheiten deines Partners gelesen hast?*

- *Wie ist es dir ergangen, als du die Besonderheiten die dein Partner über dich geschrieben hat, gelesen hast? Haben die Dinge gestimmt?*
- *Kennst du deinen Partner jetzt besser? Kennst du dich selbst jetzt besser?*
- *Gibt es ein Kind in der Klasse, mit dem du diese Übung gerne nochmal machen würdest?*

Eventuell kann man an einem anderen Tag die Übung wiederholen – diesmal natürlich mit einem anderen Partner. Auch am Ende des Schuljahres kann man die Übung nochmals einplanen und die Ergebnisse mit dem Beginn des Schuljahres vergleichen.

Du
Fünf Besonderheiten von dir

Ich
Fünf Besonderheiten von mir

Ich
Fünf Besonderheiten von mir

Du
Fünf Besonderheiten von dir

→ Unser Haus

Ziel der Methode
Die Schülerinnen und Schüler
- lernen sich gegenseitig kennen
- unterschiedliche Vorstellungen von einem gemeinsamen Haus zu erspüren
- ergründen: Wer führt – wer lässt sich führen?

Einsatzmöglichkeiten
Die Methode eignet sich
- zu Beginn eines Schuljahres.
- während des Schuljahres, wenn z. B. ein neuer Schüler in die Klasse / Gruppe kommt.

Material
- DIN-A3-Blatt
- Stifte

Sozialform(en)
Partnerarbeit

Stufe
1 bis 4

Beschreibung
Jedes Kind der Klasse findet einen Partner / eine Partnerin. Beide Kinder setzen sich nebeneinander an den Tisch. Vor ihnen liegt ein leeres DIN-A3-Papier. Eines der Kinder nimmt einen Stift in die Hand, das andere Kind greift auch diesen Stift (um die Hand des anderen Kindes herum). Alle zwei Kinder zeichnen nun also nur mit einem Stift gemeinsam ein Haus mit Garten. Eine besondere Herausforderung besteht darin, wenn diese Übung ohne zu sprechen durchgeführt wird. Es zählt dann der jeweilige Druck, den das ein oder andere Kind auf den Stift ausübt, oder aber eine entsprechende Mimik. Fragen für eine anschließende Reflexion wären:
- Wer hat wann und warum die Führung beim Zeichnen übernommen?
- Wie haben die Partner sich (ohne Worte) einigen können?
- An welchen Stellen war man sich sofort einig?
- An welchen Stellen war man sich uneinig – wie wurde dies trotzdem gelöst?

Tipp Diese Übung kann man an unterschiedlichen Tagen mit unterschiedlichen Mitschülern durchführen – vielleicht immer auch vor dem Unterrichtsbeginn.

Varianten

- Man kann auch statt eines Hauses andere Gegenstände gemeinsam malen, z. B. eine Blume, ein Kind, eine Familie, eine Landschaft usw.
- Unterschiedliche, kulturell bedingte Sichtweisen und Wahrnehmungen können auch durch eine weitere Übung entdeckt werden:
  Die Schülerinnen und Schüler bekommen einen Papprahmen in DIN-A4-Größe und suchen sich einen Partner. Sie bekommen den Auftrag, zwei oder drei besondere „Bilder" zu fotografieren – der Rahmen entspricht dem Sucher eines Fotoapparates. Eines der Kinder wählt ein „Bild" aus und lässt das Partnerkind durch den Rahmen aus der gewählten Perspektive schauen. Die Kinder tauschen sich über das Gesehene aus bzw. eins erzählt dem anderen, warum es gerade dieses „Bild" ausgewählt hat. Es findet ein Tausch statt.
  In einem sich anschließenden Sitzkreis teilen die Schüler ihre Erfahrungen und unterschiedlichen Eindrücke mit.

INDEX

Anweisungen (verstehen) 12
Außenkreis 26
Bingo 45
Brainstorming 40
Dialoge (entwickeln) 19
Domino 50
Erzählen (freies) 14, 17, 19
Erzählstraße 20
Fingerfiguren 21, 22
Geschichten
- erfinden 64
- hören 9
- spielen 14, 21

Grammatiklernen (implizites) 24, 68
Innenkreis 26
Kompetenz (kommunikative) 26
Konzepte (der Wörter) 31
Lebensweg 73
Lernen (interkulturelles) 71–79
Lesebaum 52
Lyrik 68
Mindmaps 40
Moderator (im Fernsehen) 17
Nachdenken (über Sprache) 31
Reime
- erfinden 24
- sprechen 21, 24

Sachtexte 18, 39
Satzmuster 26
Sprachrhythmus 24
Schlüsselbegriffskarten 38
Sprechen
- generatives 24
- zu Bildern 14

Texte (schreiben) 66
Textproduktion (generative) 68
Textszenario 58
Textverständnis
- allgemeines 52, 55, 61
- individuelles 58

Think-Pair-Square 28
Wechselpräpositionen 6, 12
Wörterbüchlein (erstellen) 61
Wortschatz
- Fahrzeuge 35
- Klassenzimmer 6
- Kleidung 43
- Mäppchen 12
- Schulranzen 44
- trainieren 6, 31–50